Peter Wüthrich

Peter Wüthrich

My world

Textes de / Texts by :

Laure Genillard

Pascal Neveux

Philippe Piguet

fondation pour l'art contemporain
Claudine et Jean-Marc Salomon

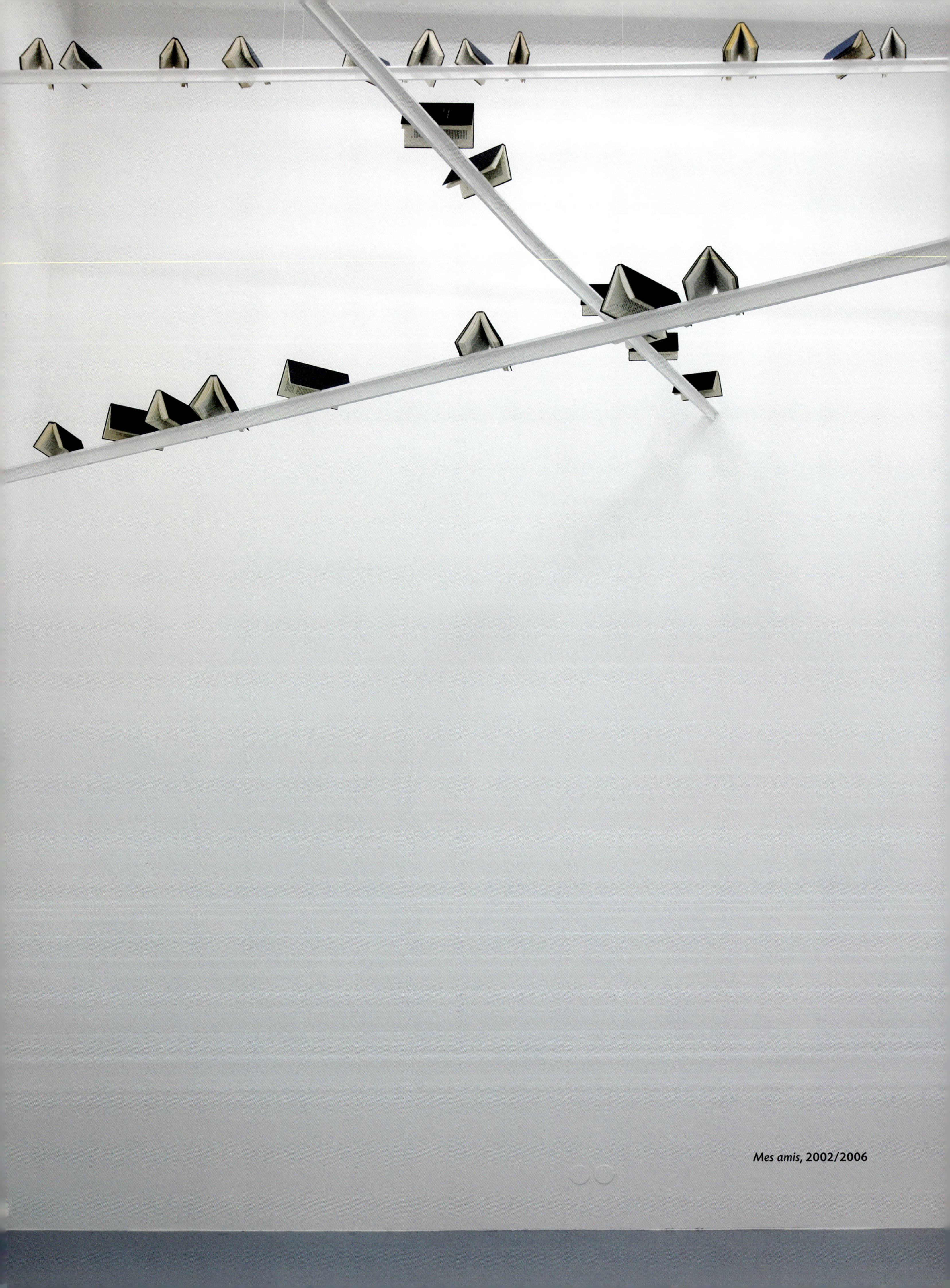

Mes amis, 2002/2006

Sommaire

Content

Philippe Piguet
9 Du livre comme matière première
11 On Books as Raw Material

Pascal Neveux
13 Le livre en volumes
17 Volumes of Volumes

20 Exposition « My world » à la Fondation Salomon

Laure Genillard et Peter Wüthrich
57 Conversation dans la cuisine
61 Conversation in the kitchen

65 Flashback

91 Biographie

92 Bibliographie

95 Colophon

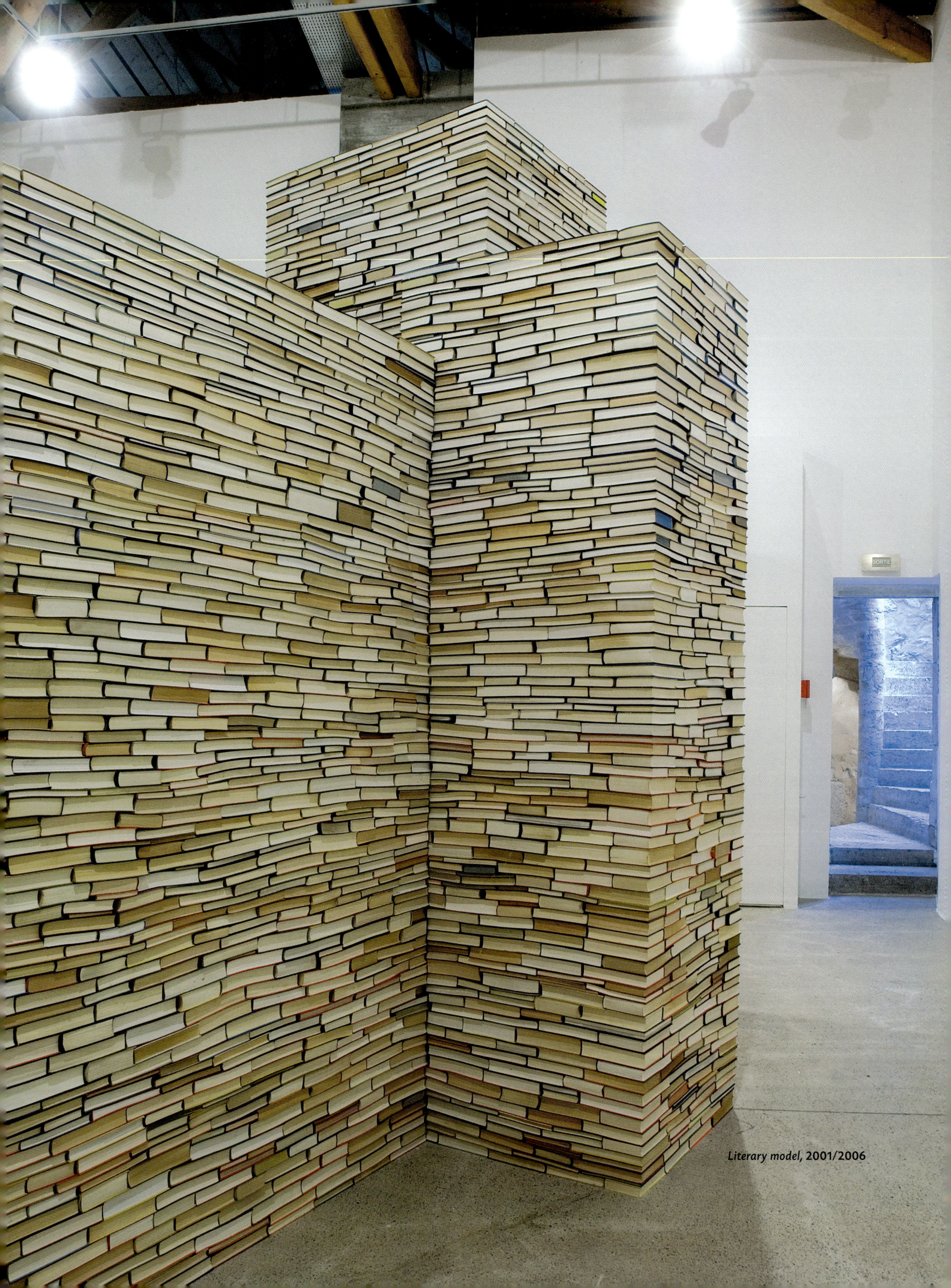

Literary model, 2001/2006

Du livre comme matière première

Si tous les illustrateurs s'accordent pour le représenter assis dans un fauteuil, un livre à la main, brandissant de l'autre son épée de chevalier errant comme pour illustrer les hauts faits qu'il est en train de lire, Gustave Doré nous en donne aussi une autre image qui ne manque pas moins de pittoresque. Don Quichotte – puisque c'est de lui dont il s'agit – chevauche un Pégase magnifiquement ailé, tenant d'une main une plume monumentale, de l'autre un livre en guise de bouclier. Droit et fier sur sa monture, le héros de Cervantès survole une foule entremêlée de figures et de bouquins grand ouverts dans un tohu-bohu indescriptible qui augure de ses fougueuses aventures.

Dans leur rapport au livre, il en est ainsi de certaines images cultes qui disent la passion dévorante à laquelle la lecture peut conduire. On se souvient peut-être à cet égard de cette étonnante affiche, éditée dans les années 1950, à l'intitulé enthousiaste : « Dévorez des livres », montrant Gérard Philipe croquant à pleines dents un ouvrage. Régulièrement, la presse se saisit ainsi de la question de la lecture, multiplie sondages et statistiques pour tenter de mesurer l'intérêt qu'on lui consacre. Chaque année, le mois de septembre arrivant, la rentrée littéraire est l'objet d'un véritable matraquage médiatique : on ne parle plus que d'éditeurs, d'auteurs et de publications.

Si l'on en croit Laurence Santantonios, auteur de *Tant qu'il y aura des livres* (Editions Bartillat, 2005), le nombre de livres annuellement publiés en France a doublé en dix ans : on dénombre ainsi quelques 52 231 titres pour la seule année 2004. L'un des thèmes récurrents de son étude est celui de la surabondance des livres, fréquemment présentée comme un phénomène pernicieux, sinon catastrophique. Que faire en effet de tout ça ? C'est là la vraie question d'autant plus qu'on apprend que 104 millions de volumes sont passés chaque année au pilon.

Le livre, Peter Wüthrich – quant à lui – a choisi d'en faire le matériau de prédilection de son travail. Au su des informations précédentes relatives à l'économie du livre et en un temps où le tout technologique impose une matérialité nouvelle, la démarche de l'artiste pourrait passer pour un acte proprement écologique de recyclage et son monde – « My world » – comme un territoire protégé qui s'appliquerait à la sauvegarde du savoir humain. Il n'en est rien. A quelques exceptions près, Wüthrich ne fait pas vraiment cas du contenu des ouvrages qu'il utilise. Il s'approprie l'objet livre non seulement pour lui-même mais pour la richesse plastique de tous ses constituants et l'utilise en réemploi dans toutes sortes de situations. Comme d'autres se servent de pigments colorés, de bois, de pierre, de métal, etc., pour donner corps à une forme, en relation ou non avec une figure identifiable.

Du livre, Peter Wüthrich connaît parfaitement l'anatomie et il n'a pas son pareil pour en exploiter telle ou telle partie. Tantôt il en use dans son plus simple appareil, dénudé de sa jaquette, pour en faire valoir la couverture toilée monochrome ; tantôt il en empile des quantités faramineuses pour constituer comme de monumentales forteresses. Une fois il le dépèce de toutes ses pages, les roulant en boule pour en instruire une étonnante cosmogonie ; une autre fois il en prélève quelques mots pour les fixer sur la pellicule et les faire surgir dans la solitude appuyée de leur sens. Signet, page de garde, plat, dos, tranche, etc., Wüthrich ne néglige aucun de ces éléments, les reversant à l'ordre d'une production polymorphe qui en appelle tant à l'idée du tableau qu'à celle de la sculpture, tant aux modes de l'installation que de la projection, tant à la pièce unique qu'au multiple. Voudrait-il faire la preuve par neuf que le livre vaut tout autre médium, Peter Wüthrich ne s'y prendrait pas autrement.

« A quoi peut servir un livre sans images ni dialogues ? » s'interroge Alice sous la plume de Lewis Carroll. Il pourrait bien se trouver que Peter Wüthrich lui apporte la réponse la plus juste qui puisse être. Des images et du texte, il ne fait pas grand usage ; du livre lui-même, c'est tout le contraire et la singularité de son travail réside dans la force de poésie qu'il en tire. Incroyable retournement de situation ! Le livre n'est plus ici considéré pour son contenu mais pour ce qui détermine et qualifie son contenant. Seul, un artiste était à même de réussir une telle métamorphose. Au Pays des Merveilles, l'œuvre de Wüthrich instruit un monde à part qui tient du cabinet de curiosités dans la dimension fabuleuse propre à ce genre d'institution. Le livre était un objet fétiche des *Wunderkammer* du temps passé et les amateurs y puisaient matière à délectation. Avec Peter Wüthrich, il le demeure, à cette différence près que la transmutation fondamentale qu'il lui fait subir en bouleverse l'usage ordinaire. Le livre n'est plus le lieu d'un savoir ou d'une illustration mais la matière première à l'invention de nouveaux trésors. Voire de nouveaux monuments.

Philippe Piguet

On Books as Raw Material

While the illustrators all represent him sitting in a chair, book in hand, brandishing his knight errant's sword with the other, as if to illustrate the noble deeds that he is reading, Gustave Doré also offers us another image that is no less picturesque. Don Quixote – the character in question – is riding a Pegasus with magnificent wings, holding a monumental quill pen in one hand and, in the other, a book by way of a shield. Upright and proud on his steed, Cervantes' hero flies above a throng of figures and books, wide open onto an indescribable confusion that presages his spirited adventures.
There are a number of cult images that express the passion that reading can generate. Some may remember that remarkable poster published in the 1950s, bearing the enthusiastic slogan "Dévorez des livres!" (Feast Yourself on Books). It showed the actor Gérard Philipe biting heartily into some tome. The press, too, regularly takes an interest in the question of reading, deploying surveys and statistics in an attempt to measure interest in the activity. Every September, the new literary season gets saturation coverage as the media excitedly track the movements of publishers, authors and publications.
If we are to believe Laurence Santantonios, author of *Tant qu'il y aura des livres* (Editions Bartillat, 2005), the number of volumes published each year in France has doubled over the last ten years. In 2004 alone there were 52,231 titles. One of the recurring themes in her study is the overabundance of books. This is often presented as pernicious, if not downright catastrophic. What to do with them all? That is the (real) question. Just think, some 104 million volumes are pulped every year.

As for Peter Wüthrich, he has chosen to make books the key material of his work. In light of the information given above regarding the economy of publishing, and in an age when digital everything is establishing a new kind of materiality, this artist's approach could be viewed as an ecological act of recycling, and his world – *My World* – as a safe haven set up to protect human knowledge. Not at all. With only a few exceptions, Wüthrich is not really interested in the contents of the books he uses. He appropriates the book-object not only for itself but also for the visual richness of its constituent elements, which he recycles there in all kinds of situations, just as others use pigments, wood, stone or metal to body forth a design that may or not relate to an identifiable figure.
Wüthrich is perfectly conversant with the anatomy of the book and has a unique way of putting each part to use. At times he just takes the naked object, stripped of its dust jacket, and sets off its monochrome, canvas texture; at others, he piles up huge quantities of the things into what look like monumental fortresses. Once, he pulled out all the pages and balled them up to create an astonishing cosmogony. Another time, he sampled a few of the words and fixed them on film so as to show them in the emphatic solitude of their meaning. Bookmark, endpaper, board, spine, edge, etc. – Wüthrich leaves no part unused. All are made to serve a polymorphous output that has something of painting as well as sculpture, that uses the forms of installation as well as projection, and includes unique pieces as well as multiples. If his aim was to present manifold proof that the book is as good as any other medium, this surely is exactly what he would do.

"'What is the use of a book,' thought Alice, 'without pictures or conversations?'" It may well be that what Wüthrich gives us is the most apt answer possible to this question asked by Lewis Carroll's young heroine.

For he makes little use of images and text, but finds abundant uses for the book itself, and what makes his work so singular is the poetic power that he draws from it. This is an incredible turnabout. The book here is no longer considered in terms of its contents but for what determines and defines its container. Only an artist could successfully effect such a metamorphosis. In this wonderland, Wüthrich's work explores a singular world that has something of the cabinet of curiosities, as regards the fabulous dimension of such entities. The book was a totemic element in the *Wunderkammers* of times past, an object of delectation for connoisseurs. And so it remains with Peter Wüthrich, the only difference being that the fundamental transmutation he makes it undergo overturns its ordinary use. The book is no longer a place of knowledge or illustration, but the raw material for the invention of new treasures. Or even, of new monuments.

Philippe Piguet

Le livre en volumes

La dernière décennie a vu apparaître un certain nombre de pratiques artistiques dont le propre serait de se servir du contexte de l'exposition pour multiplier des activités sociales, se réunir, discuter, se détendre, manger, boire un verre, jouer au baby-foot, autant d'activités qui en quelques années ont été promues au rang de formes artistiques légitimes, que l'on qualifie volontiers « d'esthétique relationnelle ». Mais paradoxalement une esthétique relationnelle où le rôle du spectateur acteur resterait très superficiel et éphémère, de l'ordre de la fiction de réalité. Faut-il en déduire que ces interventions sont en fait des décors dans lesquels certains types de comportements sont appelés non seulement à se manifester mais également à se théâtraliser ? Plus que jamais, l'homme, selon Pascal, prisonnier de « sa condition faible et mortelle » cherche l'éblouissement dans « le divertissement et l'occupation du dehors », confondant toujours plus réalité et faux-semblants ; une recherche personnelle qui s'apparente plus à une fuite en avant qu'à une véritable démarche introspective, réflexive sur notre propre individualité.

Dans ce contexte artistique ambiant, le travail de Peter Wüthrich se démarque fortement. Loin de tout effet de mode, il a su développer ces quinze dernières années une œuvre personnelle d'une très grande cohérence tant au niveau formel que conceptuel. Le livre, dans son économie, sa symbolique et sa charge poétique, constitue l'élément central de cette aventure artistique extrêmement rigoureuse et ô combien facétieuse. Ses références puisées dans ses multiples expériences artistiques deviennent avec le temps des points d'énergie, des témoignages de vérité. Peter Wüthrich n'a jamais cessé de revendiquer une attitude artistique indépendante, volontairement solitaire, parfois marginale, toujours à distance, ne se revendiquant d'aucune école ou courant de pensée exclusif.
Cette singularité se donne à voir aujourd'hui dans le cadre magnifique de la Fondation pour l'art contemporain Claudine et Jean-Marc Salomon à Alex. Avec *My World*, Peter Wüthrich nous invite à une découverte insolite du Château d'Arenthon où il a élu domicile. Ce château, tout à la fois enchanté et désenchanté selon les humeurs de son nouvel occupant, revit de la crypte en passant par la chapelle jusqu'à la tour haute.

Le château, tel qu'il s'inscrit dans la littérature moderne est lézardé. Château de l'écriture, toujours pris dans des discours, des représentations, des récits (*Literarisches Modell*, 2001) et en même temps château politique, catalyseur des luttes nationales et des conflits de classes. À travers Hugo et Balzac, Céline ou Gracq, on dresse ici le relevé de cette bâtisse impure, où se côtoient crise et restauration, modernité et réaction, effondrement et affirmation de soi. *Le Château* de Kafka, *Au château d'Argol* de Julien Gracq, *Les Envoûtés* de Gombrowicz, *Le Désert des Tartares* de Buzzati, *D'un château l'autre* de Céline, voilà quelques-uns des textes importants du XXe siècle dans lesquels le château, ou l'édifice fortifié, par la place centrale qu'il occupe, détermine le développement de la fiction.

Le château est pour Peter Wüthrich une architecture littéraire qui lui permet de développer un projet artistique qui, dès l'entrée du parc, se matérialise par la présence d'amis (« My friends ») discrètement perchés le long de cette allée d'arbres majestueux. On ne peut être que frappé du nombre important de pièces de cet artiste, qui métamorphose ce château aujourd'hui et qui trouve dans ce contexte architectural une force narrative supplémentaire. Si le château fait raconter, il n'incite pas forcément à la désignation du vrai. Toute bâtisse s'offre à l'interprétation et suscite dès lors des stratégies de fiction.

Chaque pièce de ce château nous plonge au cœur d'un univers de livres que Peter Wüthrich récupère et conserve, non pas dans une attitude de bibliophile cherchant à constituer sa bibliothèque idéale, mais tel un entrepreneur qui constituerait son stock de matériaux avant un chantier en devenir. Des livres par milliers, empilés, assemblés, juxtaposés, manipulés et organisés en compositions chromatiques singulières, parfois démantelés, dépecés, disséqués, mais dont les éléments constitutifs sortent à chaque fois valorisés. De ces jeux combinatoires naissent des installations volontairement hybrides dans leur diversité formelle et leur capacité à nous interroger sur notre espace quotidien.
L'aventure romanesque, entre onirisme, humour et gravité, dont Peter Wüthrich serait le héros, rassemble pour l'occasion plusieurs milliers de protagonistes d'origines diverses et de natures bien différentes que sont les livres, ces objets familiers qui nous accompagnent depuis notre plus jeune âge.

L'histoire des hommes est accompagnée de livres. Pourtant, les connaissons-nous vraiment ? Comme le chat du Cheshire dans *Alice au pays des merveilles*, dont on ne voit que le sourire, nous n'en saisissons que l'apparence. Le livre est une fabuleuse machine à faire rêver. La lecture est toujours appropriation, invention, production de significations. Selon la belle image de Michel de Certeau, « le lecteur est un braconnier qui parcourt les terres d'un autre ». Toute histoire de la lecture pose, en son principe, cette liberté du lecteur proche de celle de l'artiste, qui déplace et subvertit ce que le livre entend lui imposer.
Le livre comme objet constitue pour Peter Wüthrich le matériau privilégié de son projet artistique depuis 1992, préférant sa forme à son contenu, comme élément matériel et architectural en perpétuelle mutation. Il est vrai que l'univers du livre est par nature un inventaire inépuisable de formes et de styles de par ses composantes intrinsèques : typographie, grammage du papier, couleur des encres, illustrations et ornements, reliures, couvertures, marque-pages, signets . . .

« Homme de lettres » : c'est la mention que Le Corbusier avait fait inscrire dans les années 1930 sur ses papiers d'identité. Des titres, il aurait pu s'en choisir bien d'autres, parmi ses activités multiples d'architecte, d'urbaniste, de théoricien, de photographe, de dessinateur, de peintre et de sculpteur. Il aurait pu se dire d'une manière plus générique « artiste ». Le Corbusier entretenait un rapport très particulier aux livres. Il fut grand lecteur et écrivain, certes, il fut surtout un inlassable « artisan littéraire », concevant le processus éditorial de l'écriture jusqu'à la fabrication, comme si l'élaboration intellectuelle d'un ouvrage était indissociable de sa réalisation technique. Cette volonté de maîtriser le travail éditorial du début jusqu'à la fin, on la retrouve dans toute la démarche créatrice de Le Corbusier, au point qu'il établira une analogie entre l'art de bâtir et l'art typographique. Les lecteurs savent qu'un livre est d'abord un espace, un lieu où l'on entre avec une pensée pour en sortir avec une autre. Si Internet et la numérisation ont apporté de nouveaux modes de lecture, cet espace retrouve aujourd'hui sa présence d'objet-matériel.
En utilisant le livre comme matériau de construction, Peter Wüthrich s'inscrit dans une longue tradition. Qu'il s'agisse de sa composante textuelle, de son organisation interne ou de ses caractéristiques physiques, le livre est habité par l'image de l'architecture, et ce bien avant l'invention de l'imprimerie. Il considère le livre non pas selon l'unique parti pris des mots, mais selon celui de la seconde vertu reconnue par Paul Valéry

au livre : « sa qualité d'objet, son physique » (Paul Valéry : *Les deux vertus d'un livre*, 1926, Œuvres, Gallimard, La Pléiade, 1977, vol.2, p.1246–1250).

Peter Wüthrich conçoit en effet ses installations comme des projets aussi bien conceptuels que matériels, dont il aime maîtriser pleinement l'élaboration. Son parcours artistique, son attachement à ses projets d'expositions et à ses publications témoignent de cette activité incessante à questionner l'objet, « l'outil livre » avec beaucoup d'ingéniosité et d'habileté formelle et esthétique. Il établit ainsi un va-et-vient constant dans son travail entre l'espace du livre et le champ des arts plastiques, le livre en tant que motif iconographique. On se souvient des quelques mots de Mallarmé que Le Corbusier intégra à la fresque du Pavillon suisse de la Cité universitaire de Paris en 1948, « Garder mon aile dans ta main », qui lui avaient inspiré la figure d'un personnage ailé qu'il reprendra en couverture de son propre livre *Poésie sur Alger* en 1950. Les ailes sont, à n'en pas douter, symbole d'envol, de légèreté, de l'immatérialité, d'élévation vers le sublime, exprimant également l'appartenance au domaine céleste, l'affranchissement des liens terrestres. Platon écrit dans *Phèdre* que les ailes ont la force de « soulever le corps au-dessus de la terre et de le conduire là où se tient la race des dieux » (voir l'installation du Suermondt-Ludwig-Museum en 1996, p. 82 de ce catalogue).
On pense plus particulièrement à la série de photographies *Imago* que développe Peter Wüthrich depuis 1993 ainsi qu'aux *Anges de Saint-Jacques de Compostelle* où le livre devient un être organique, une personnalité indépendante. Les titres des œuvres ainsi que les emprunts et références à la littérature universelle sonnent alors comme des hommages : à Nabokov, par exemple, à travers *Humbert Humbert* ou encore à Kafka, dans cette nouvelle installation intitulée *Fragment littéraire*.

L'impact visuel et physique du livre préoccupe également beaucoup Peter Wüthrich qui d'une posture d'architecte peut très rapidement prendre celle d'un peintre face à des problématiques picturales de juxtapositions chromatiques (*Literarisches Aquarell*, 1995, *Literarisches Portrait*, 2000, *Adjektive*, 1993, *Tiegel*, 1996–1998) et de compositions géométriques usant des formats, des typographies et des qualités physiques de ces ouvrages.
Nous pouvons d'ailleurs évoquer le tableau de Le Corbusier intitulé *La Cheminée* de 1918 censé marquer, selon la mythologie forgée par ses propres soins, les débuts de son œuvre artistique : deux tomes superposés, placés à côté d'un cube, y prennent toute leur valeur en tant que « volumes ».
Il en va de cette dynamique avec l'installation intitulée *Nourritures littéraires* qui place le visiteur face à une armoire entrouverte contenant sur plusieurs rayonnages un ensemble de boîtes de conserves dont la nouvelle identité repose sur le détournement de jaquettes de livres. Cette nouvelle installation interroge le rôle d'un livre privé de son contenu. Dans la nouvelle *Mondo di carta* (Monde de papier) de Pirandello, le Professeur Balicci, devenu aveugle à force de trop lire, trouve son seul réconfort, ou sa seule certitude, dans le fait que lorsqu'il feuillette ses livres devenus illisibles, dans sa mémoire, reviennent leurs textes et, du même coup, l'univers tel qu'il est ou doit être.
Dès lors, est-ce que l'univers du livre existe lorsqu'il n'y a personne pour en prendre possession, pour en faire usage, pour l'inscrire dans la mémoire ou le transformer en expérience ? N'est-ce pas précisément là que semble s'épanouir l'essence même de la démarche artistique de Peter Wüthrich ?

Pascal Neveux

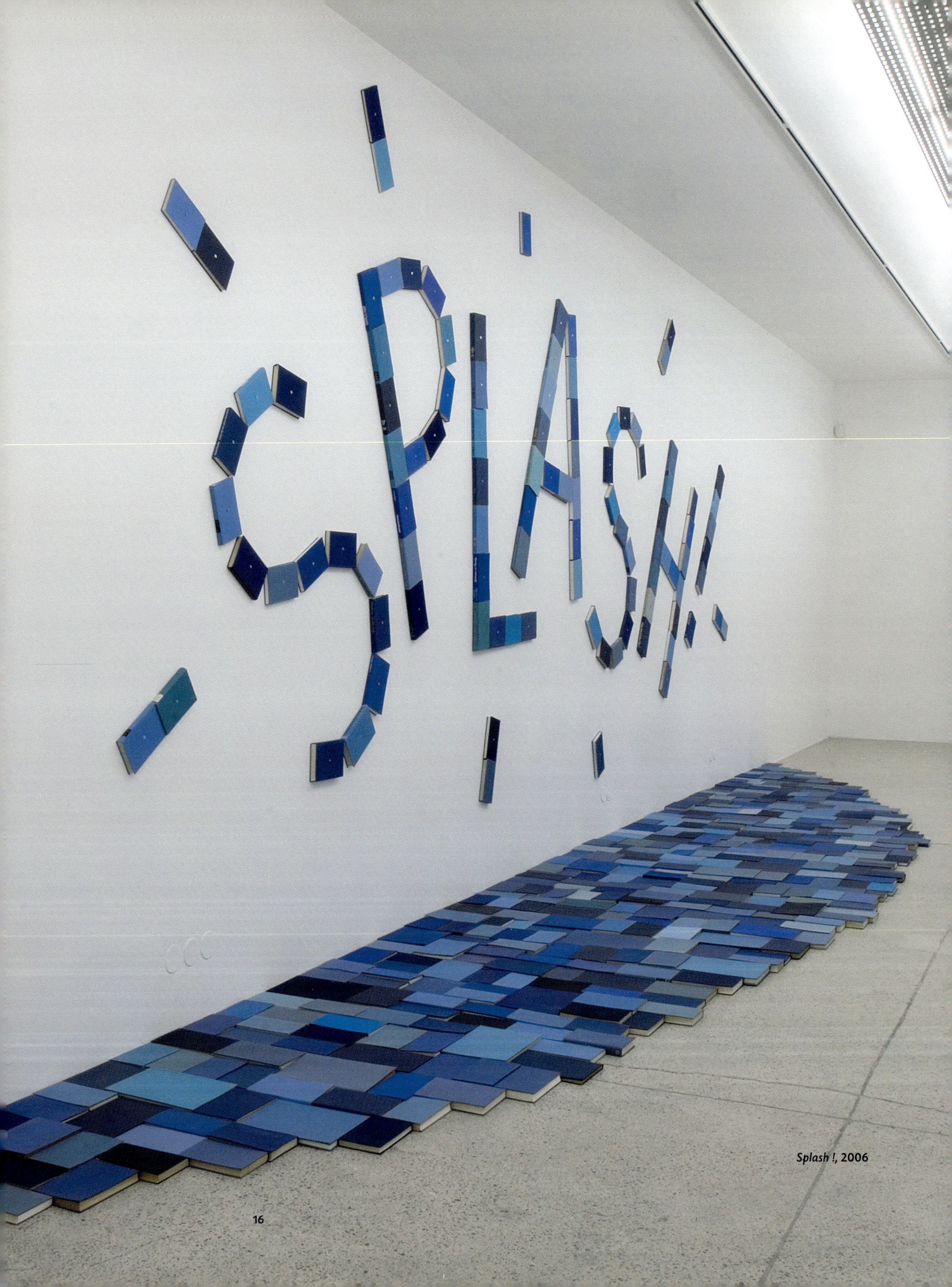

Splash !, 2006

Volumes of Volumes

The last ten years have witnessed the emergence of a number of artistic practices apparently characterised by their use of the exhibition situation as a way of multiplying social activities such as getting together, chatting, relaxing, eating, having a drink, playing table football, etc. And so, in the space of a few years, these activities have been promoted to the rank of legitimate artistic activities within the category of "relational aesthetics." Paradoxically, though, the role of the beholder/actor in this relational aesthetics has remained very superficial and ephemeral, like a fiction of reality. Should we therefore conclude that these interventions were in fact simple stage sets in which certain kinds of behaviour were meant not only to manifest themselves but also to be theatricalised? More than ever, humankind, imprisoned, as Pascal put it, in its "weak and mortal condition," seeks to be dazzled by "divertissement and outside occupations." The confusion of reality and false appearances grows worse and worse. Personal fulfilment becomes more a matter of getting a bigger fix of more of the same than a truly introspective, reflective exploration of our own individuality.

In this general artistic context, the work of Peter Wüthrich stands out very clearly. Far from any effect of fashion, he has in the last fifteen years managed to develop a personal body of work of great formal and also conceptual coherence. The book – its economy, symbolism and poetical impact – constitutes the central element of this extremely rigorous and oh so facetious artistic adventure.
Over the years, the references drawn from multiple artistic experiences become points of energy, testaments of truth. Wüthrich has always claimed an independent, deliberately solitary and sometimes marginal artistic position, always at a distance, never invoking any schools or exclusive set of ideas.
Today, this singularity is on view in the magnificent setting of the Fondation pour l'Art Contemporain Claudine et Jean-Marc Salomon at Alex. With *My World*, Peter Wüthrich invites us on a very singular exploration of the Château d'Arenthon in which he has taken up residence. From the crypt to the chapel and from there to the tower, the castle takes on a new life that is now enchanted, now disenchanted, depending on the mood of its new occupant.

In modern literature, the château or castle is a cracked thing. It is a castle of writing, always caught up in discourses, representations and narratives (*Literarisches Modell*, 2001), and at the same time a political castle, a catalyst of national struggles and class conflict. Through Hugo and Balzac, Céline and Gracq, it is explored as an impure edifice, a place where crisis is juxtaposed with restoration, modernity with reaction, and collapse with self-affirmation. Kafka's *The Castle*, Julien Gracq's *Château d'Argol*, Gombrowicz's *Possessed, The Tartar Steppe* by Dino Buzzati, Céline's *Castle to Castle* – these are some of the important twentieth-century texts in which the castle, or a fortified edifice, plays a central, determining role in the development of the fiction.
For Peter Wüthrich the castle is a literary structure which enables him to elaborate an artistic project that is materialised at the entrance to the grounds by *My Friends*, discreetly perched along the tree-lined drive. One cannot fail to be struck by the quantity of pieces by this artist who is metamorphosing this castle at Alex and drawing fresh narrative power from its architecture. But while the castle is conducive to recount-

ing, the telling is not always aimed at fact. Every building is matter for interpretation and, as such, elicits the strategies of fiction.
Each room in this castle takes us into the heart of a world of books that Wüthrich recuperates and conserves, not like a bibliophile building his ideal library, but like an entrepreneur stocking material for a future project. Thousands of books, piles up, assembled, juxtaposed, manipulated and organized into singular chromatic compositions, sometimes dismantled, taken apart, dissected, but always so that the components of each work are given value. From these combinations and permutations come deliberately hybrid installations full of formal diversity that prompt us to ponder the nature of our everyday space.
The adventure of which Wüthrich is apparently the hero, a rich tale that moves between dream, humour and gravitas, brings together here several thousand protagonists with highly diverse origins and natures, but all of them books, those familiar objects that have been our companions ever since earliest childhood.

Books have accompanied the history of humankind. But do we really know them? Like the Cheshire Cat in *Alice in Wonderland*, of which we see only the smile, we grasp only their appearance. The book is a fabulous dream machine. Reading is always an act of appropriating, inventing and producing meanings. To borrow Michel de Certeau's fine metaphor, "the reader is a poacher on another man's land." The whole history of reading rests on this freedom the reader has, which is close to the artist's, who displaces and subverts what the book tries to impose on him.
The book as object has constituted the key material of Peter Wüthrich's artistic project ever since 1992. He prefers the form to the content, and uses it as constantly changing material and architectural element. It is true that the world of the book is by nature an inexhaustible inventory of forms and styles, by virtue of its intrinsic components: typography, grammage, ink colours, illustrations and adornments, bindings, covers and bookmarks.

"Man of letters": these are the words that Le Corbusier had written on his identity papers in the 1930s. There were plenty of other titles he could have chosen from among his multiple activities as architect, urban designer, theoretician, photographer, draftsman, painter and sculptor. He could, more generically, have called himself an "artist." Le Corbusier had a very singular relation to books. Certainly, he was a great reader and writer, but he was above all a tireless "literary artisan," overseeing the editorial process from writing all the way to production, as if the intellectual preparation of a book was inseparable from its technical production. This determination to control the editorial process from beginning to end is manifest throughout Le Corbusier's creative work. Indeed, he even suggested an analogy between the art of building and the art of typography. Readers know that a book is primarily a space, a place one enters with one set of ideas and leaves with another. While the Internet and digitisation have introduced new ways of reading, here this space becomes present as a material object.
Wüthrich's use of the book as building material harks back to a long tradition. Whether in its textual component, its internal organisation or its physical characteristics, the book is inhabited by the image of architecture, and was long before the invention of printing. Wüthrich considers the book not only in terms of just the verbal approach, but according to that of a second virtue with which Paul Valéry credited the book: "its quality as an object, its physique" (Paul Valéry: *Les deux vertus d'un livre*, 1926, *Œuvres*, Paris: Gallimard "La Pléiade," 1977, vol. 2, p. 1246–1250).

Wüthrich effectively conceives his installations as projects that are both conceptual and material, whose elaboration he likes to control in full. His artistic development, his attachment to his exhibition projects and publications, all bear witness to his constant questioning of the object, of the "book tool," undertaken with great ingenuity and formal and aesthetic adroitness. He thus sets up a constant back and forth in his work between the space of the book and the field of the visual arts, with the book as iconographic motif. One recalls those words from Mallarmé that Le Corbusier integrated into the Swiss Pavilion in the Cité Universitaire, Paris, in 1948: "Keep my wing in your hand." They inspired him to draw the winged figure that would appear on the cover of his own book, *Poésie sur Alger*, in 1950. Wings clearly symbolise flight, lightness, immateriality, elevation towards the sublime, and also express a belonging to the celestial sphere, a breaking free of earthly bonds. In *Phaedrus*, Plato writes that wings have the strength to "lift the body above the earth and carry it to the place where gods dwell" (cf. Wüthrich's installation at the Suermondt-Ludwig-Museum in 1996, see p. 82 of this catalogue).
Here we may think more particularly of the *Imago* series of photographs that Wüthrich has been working on since 1993, and also of the *Angels of Santiago de Compostela*, in which the book becomes something organic, an independent personality. The titles of the works and the borrowings and references from world literature also sound like homages: to Nabokov, for example, in *Humbert Humbert*, or to Kafka, in the new installation titled *Literary Fragment*.

The physical and visual impact of the book is also one of Wüthrich's main concerns. He moves fluently from the position of architect to that of the painter dealing with the pictorial questions of juxtaposed colours (*Literarisches Aquarell*, 1995, *Literarisches Portrait*, 2000, *Adjektive*, 1993, *Tiegel*, 1996–98) and of geometrical compositions using the formats, typographies and physical qualities of these books.
Here we might mention Le Corbusier's 1918 painting *The Mantelpiece (La Cheminée)*, which, according to his own self-created mythology, marked the beginning of his artistic oeuvre. In this painting, two books, one placed on the other, lie beside a cube. They are "volumes" in both senses of the word.
This same dynamic is at work in the installation titled *Literary Food*, which confronts the visitor with a half-open wardrobe containing several shelves holding cans whose new identity is defined by book jackets. This new installation questions the role of a book voided of its contents. In Pirandello's *Mondo di carta* (World of Paper), the character Professore Balicci reads so much that he becomes blind and his only comfort, his only certainty, is when he leafs through the books he can no longer read and the text comes back into his memory and, along with it, the universe as it is and should be.
But does the world of the book exist when there is no one to take possession of it, to use it, to inscribe it in memory or transform it into experience? And is it not here that we find the very essence of Peter Wüthrich's art?

Pascal Neveux

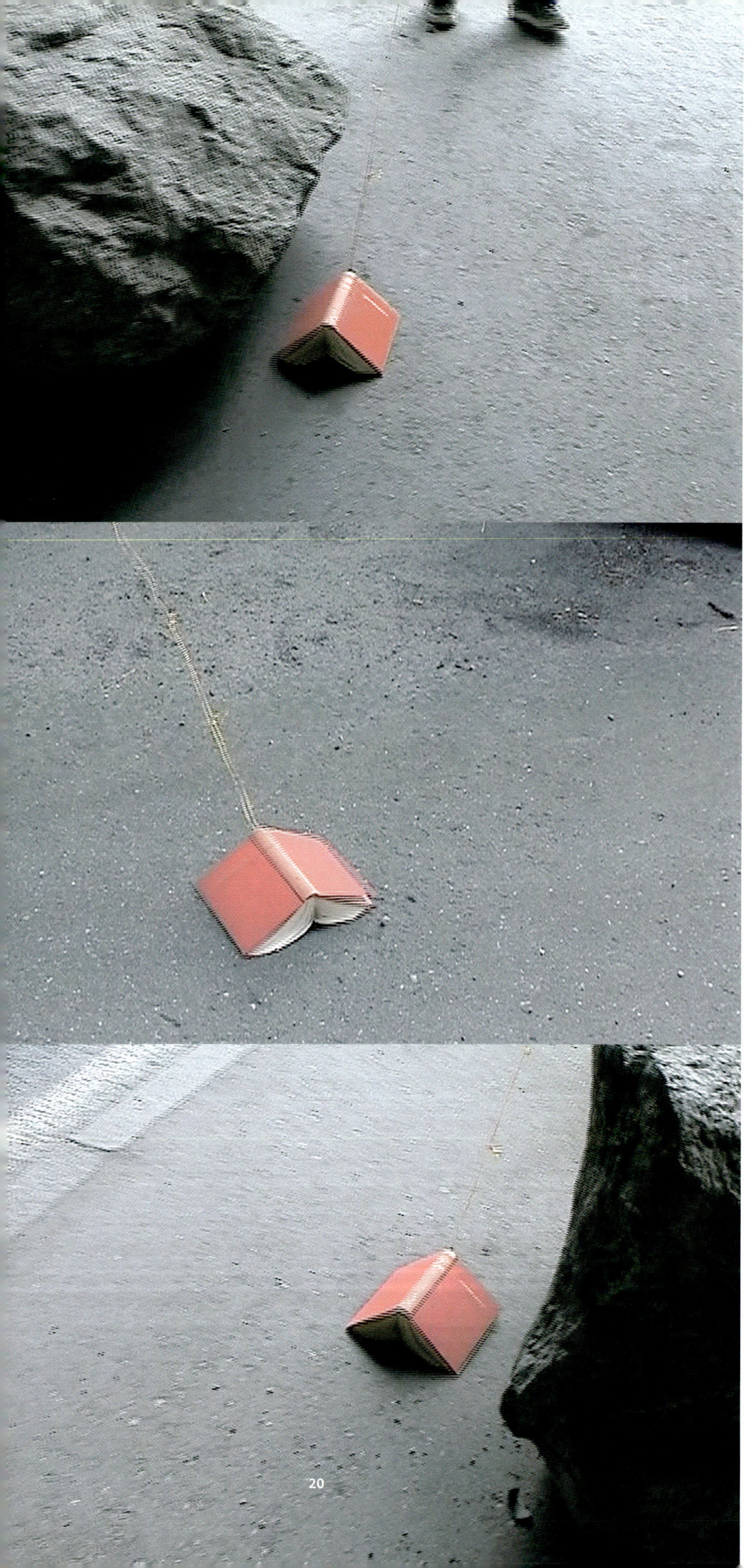

Kurzgeschichten, 2000

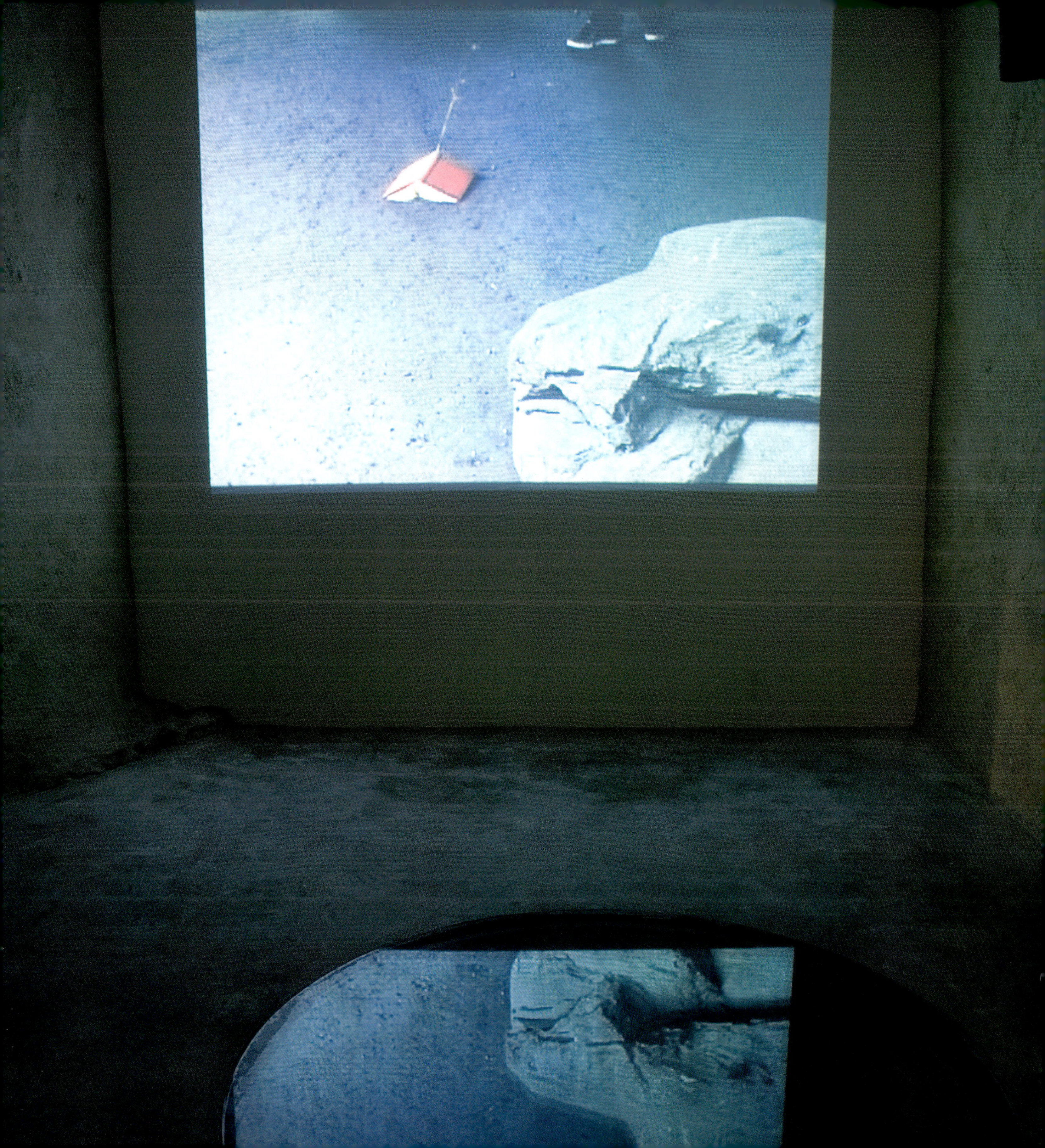

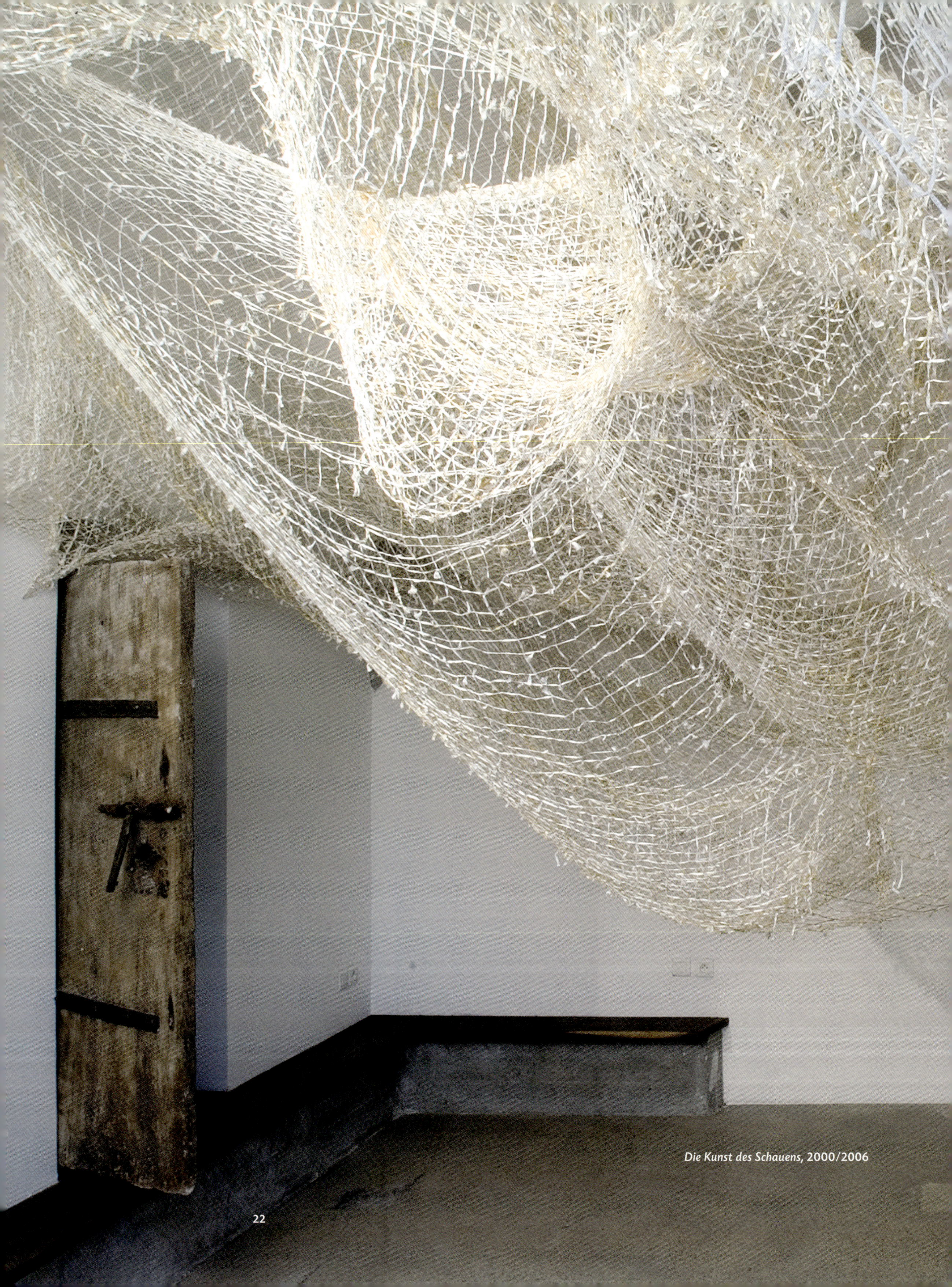

Die Kunst des Schauens, 2000/2006

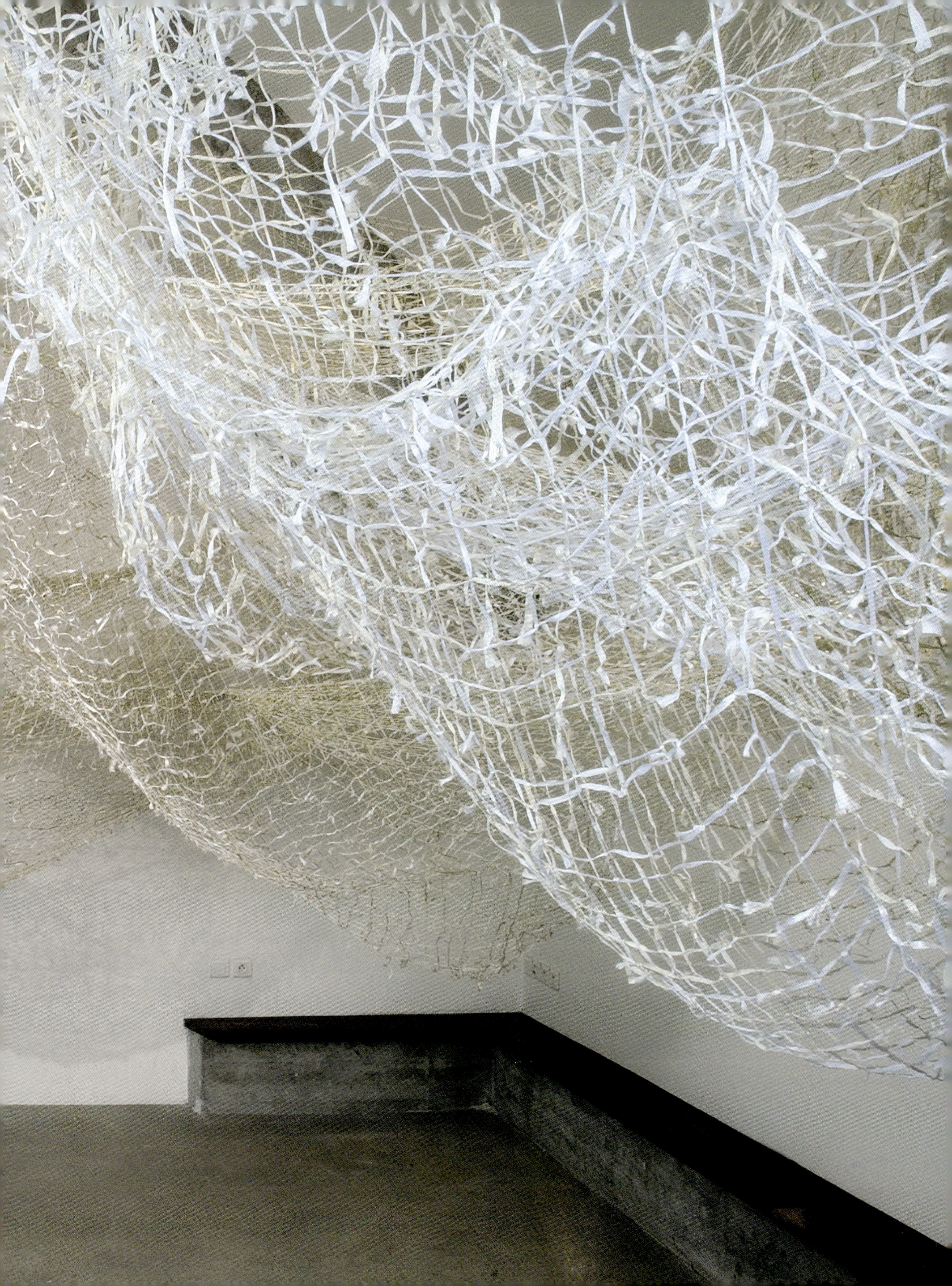

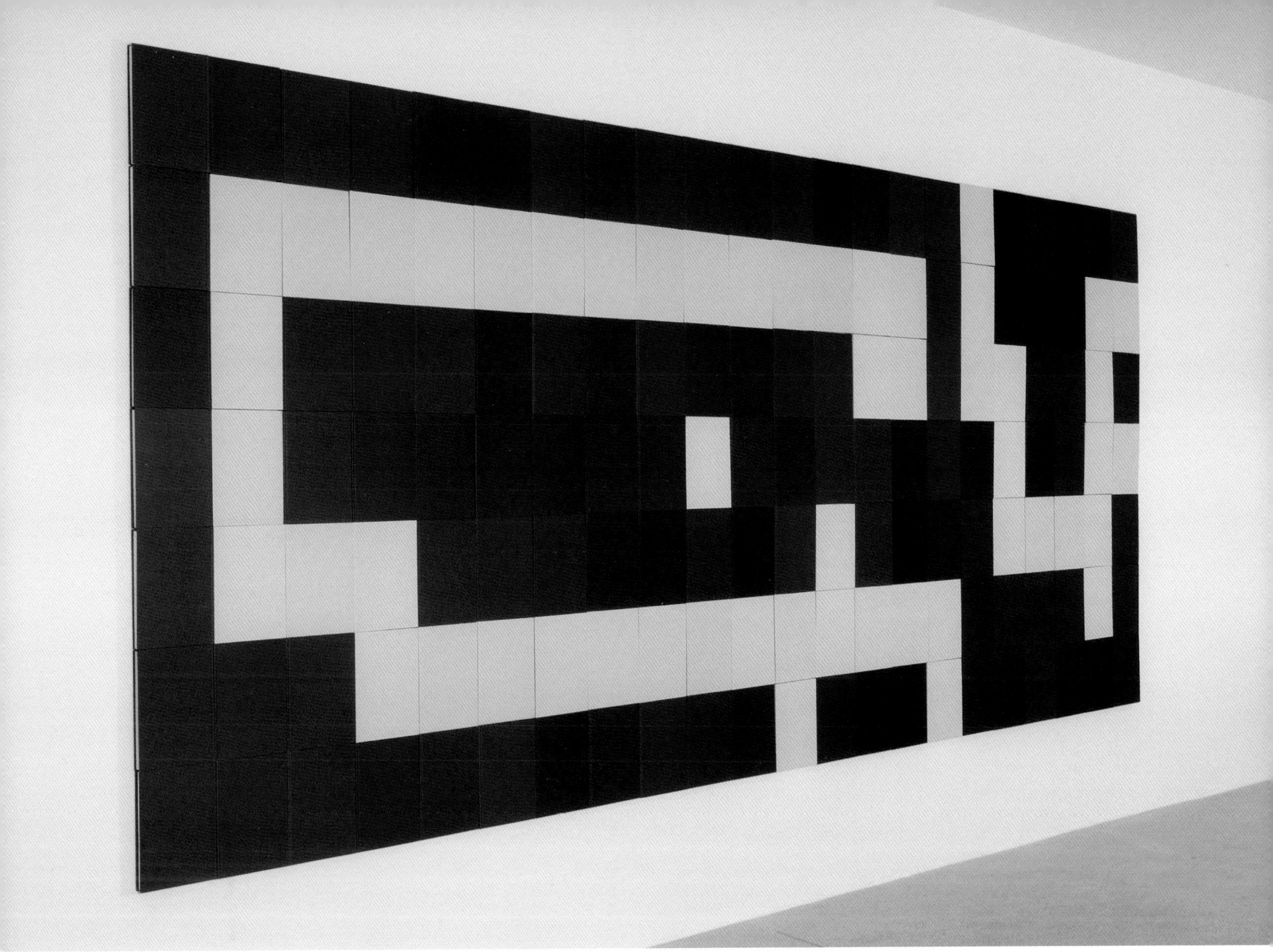

O.T. oder Das goldene Netz, 2005
Collection Silva, 2004/2006

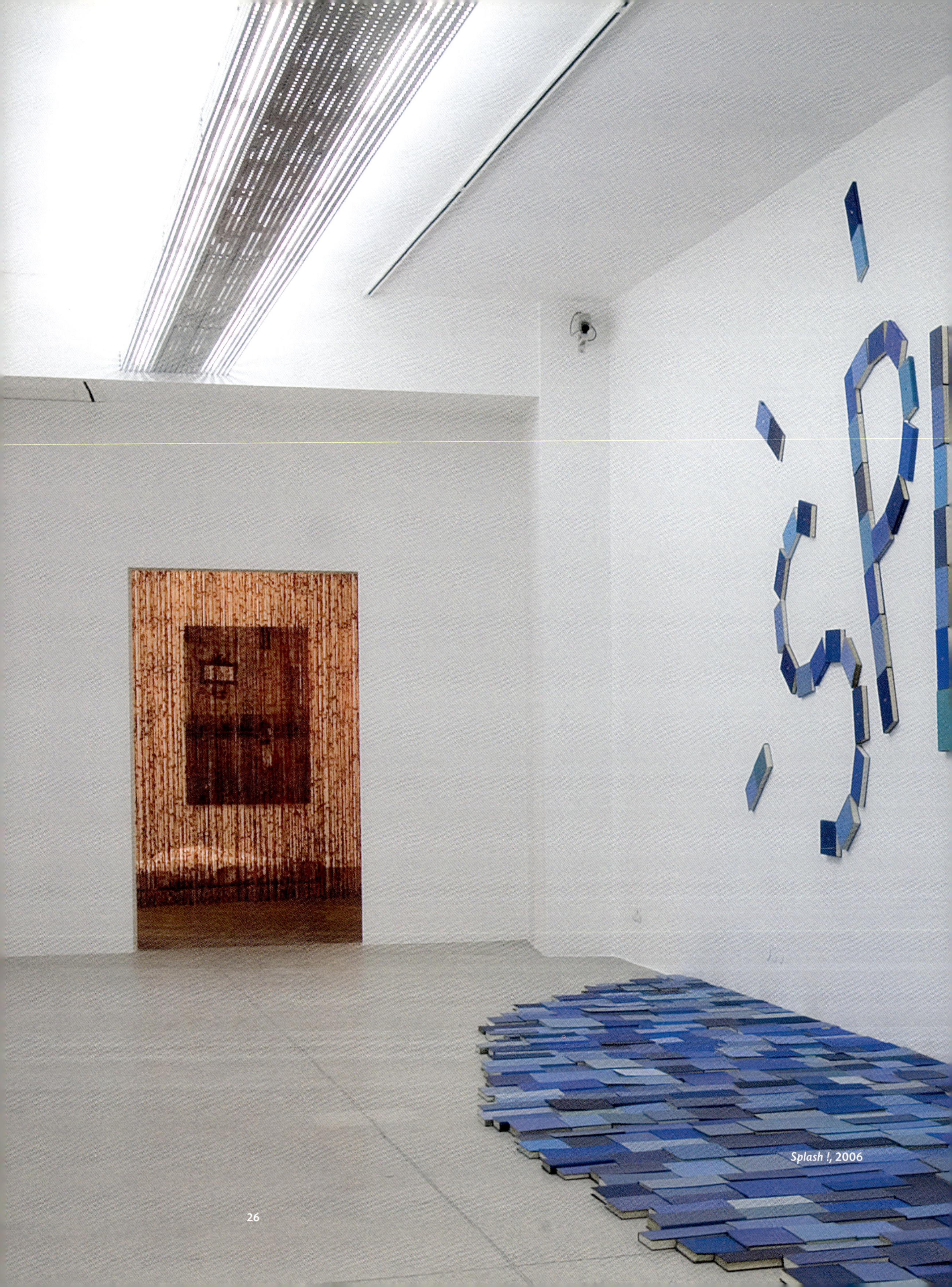

Splash !, 2006

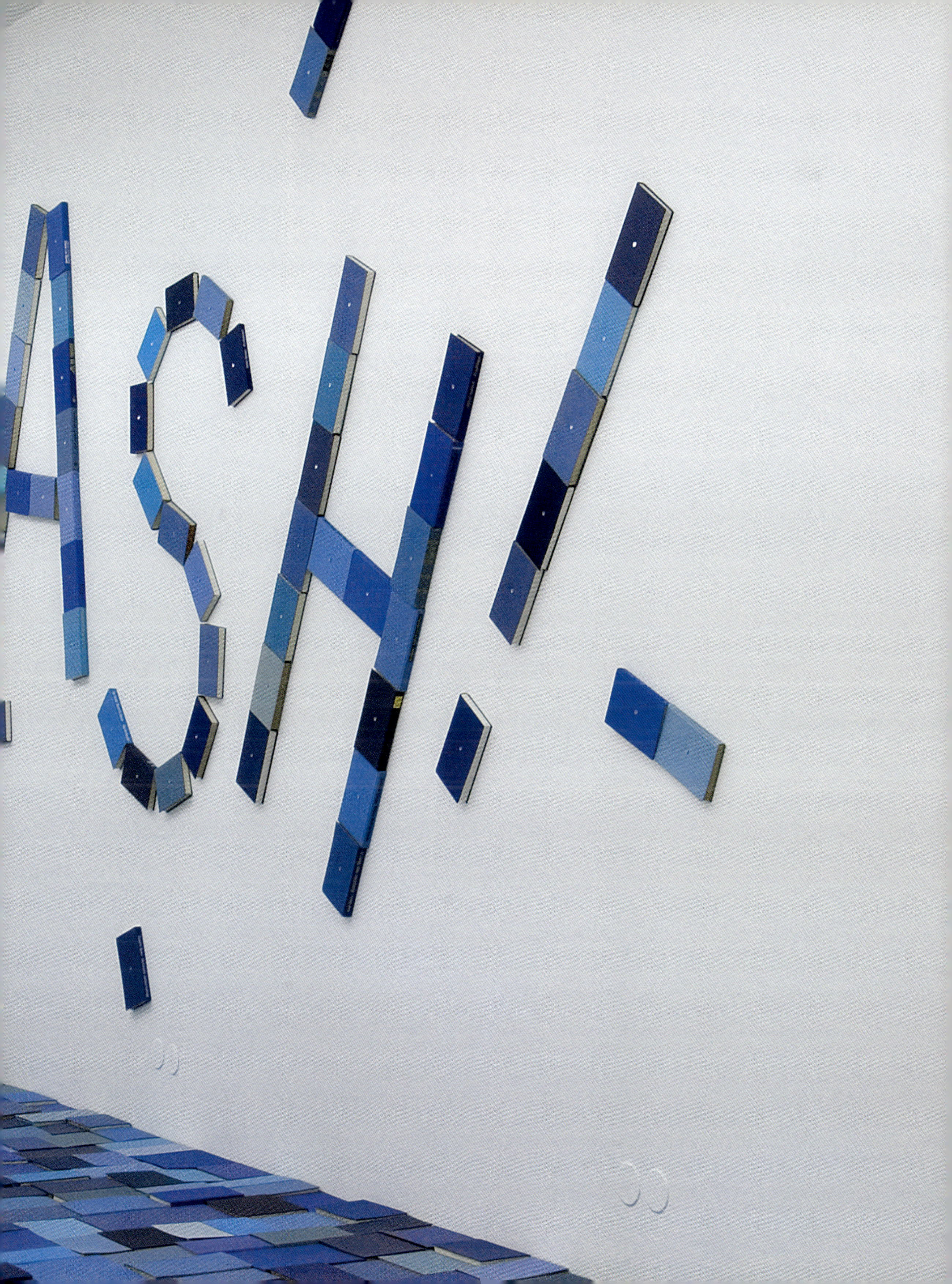
ASH!

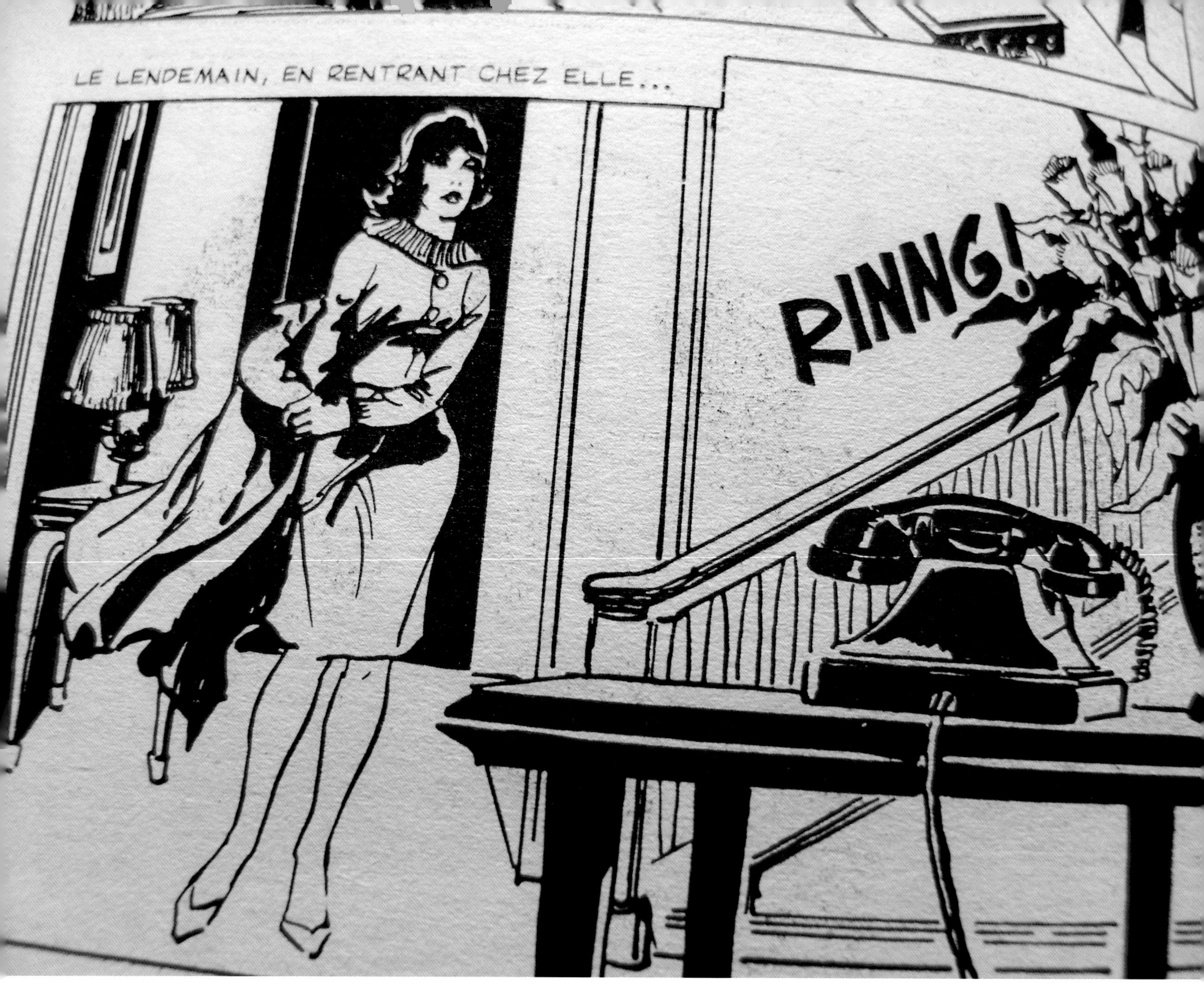

Ohne Worte, 2005

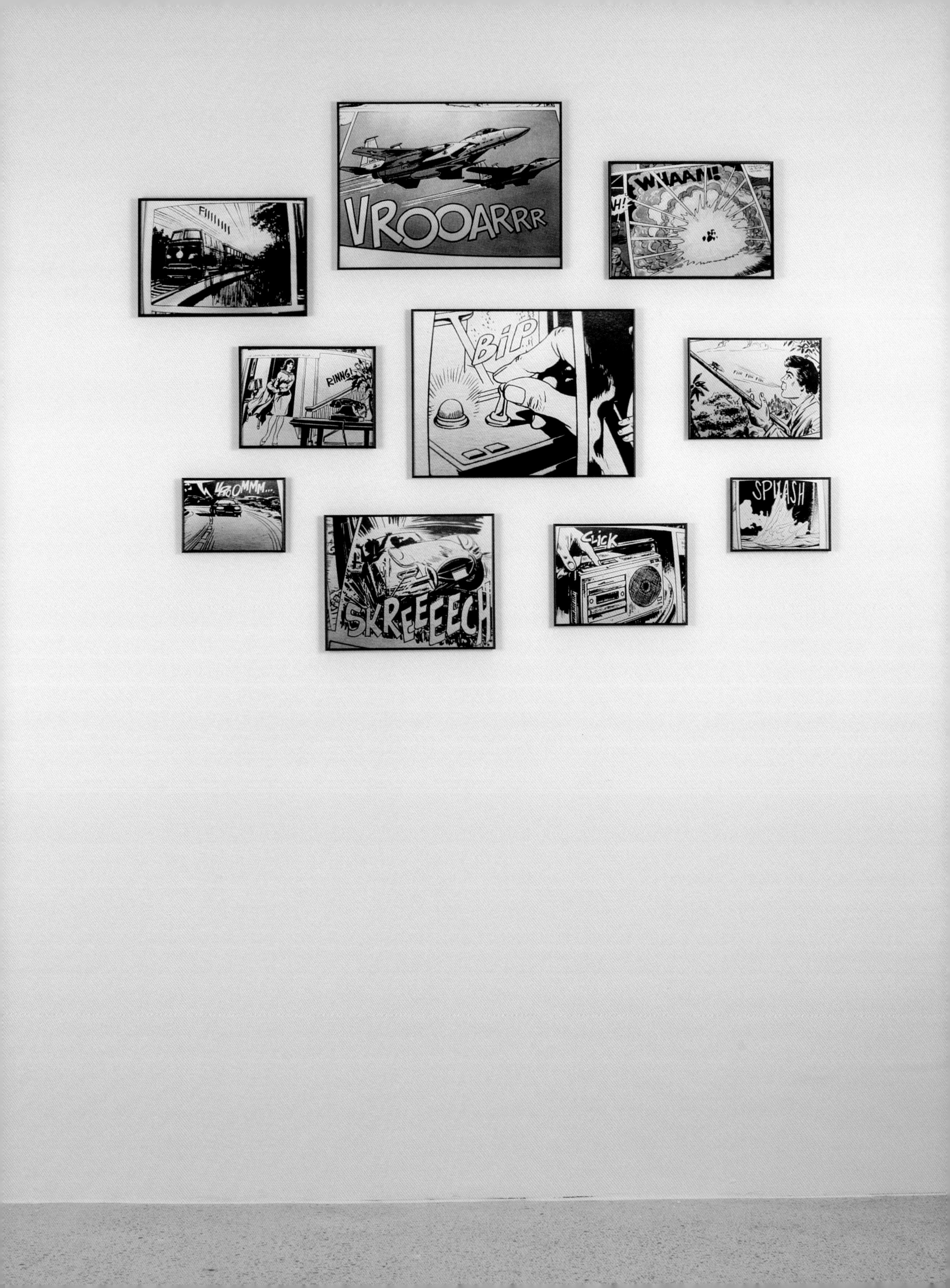
VROOARRR
WHAAM!
RINNG!
BiP
VROOMMM...
SKREEEECH
CLICK
SPLASH

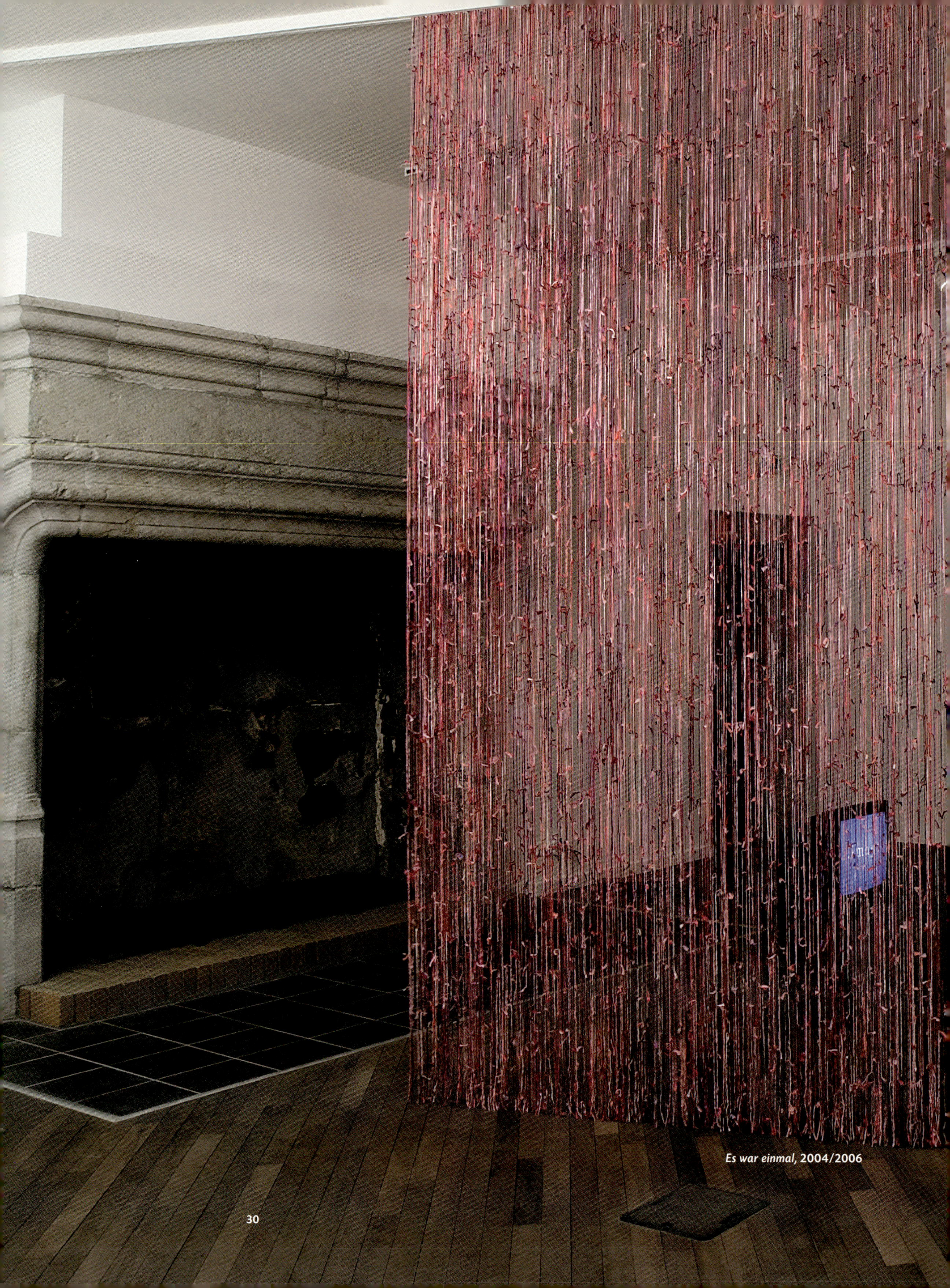

Es war einmal, 2004/2006

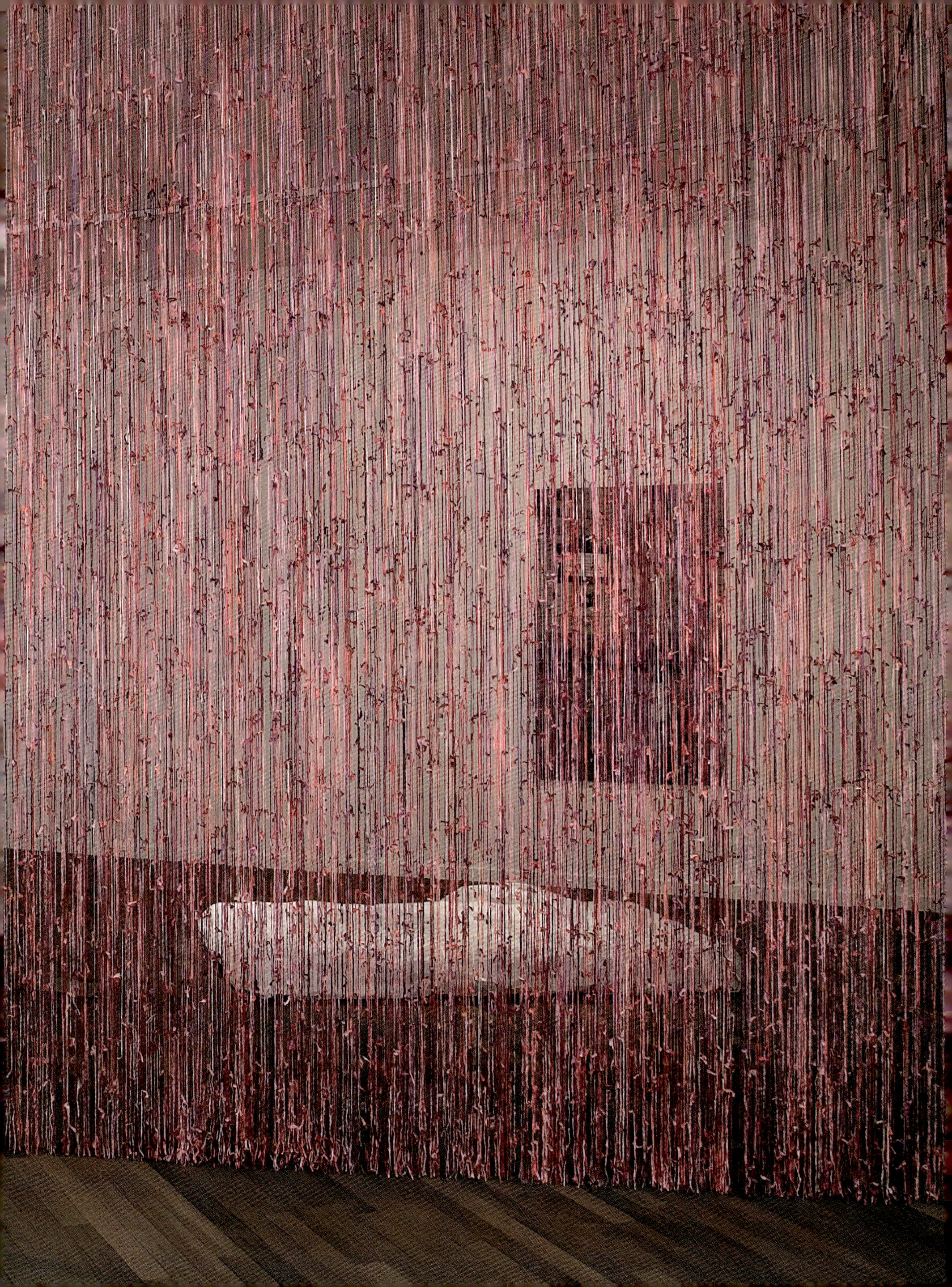

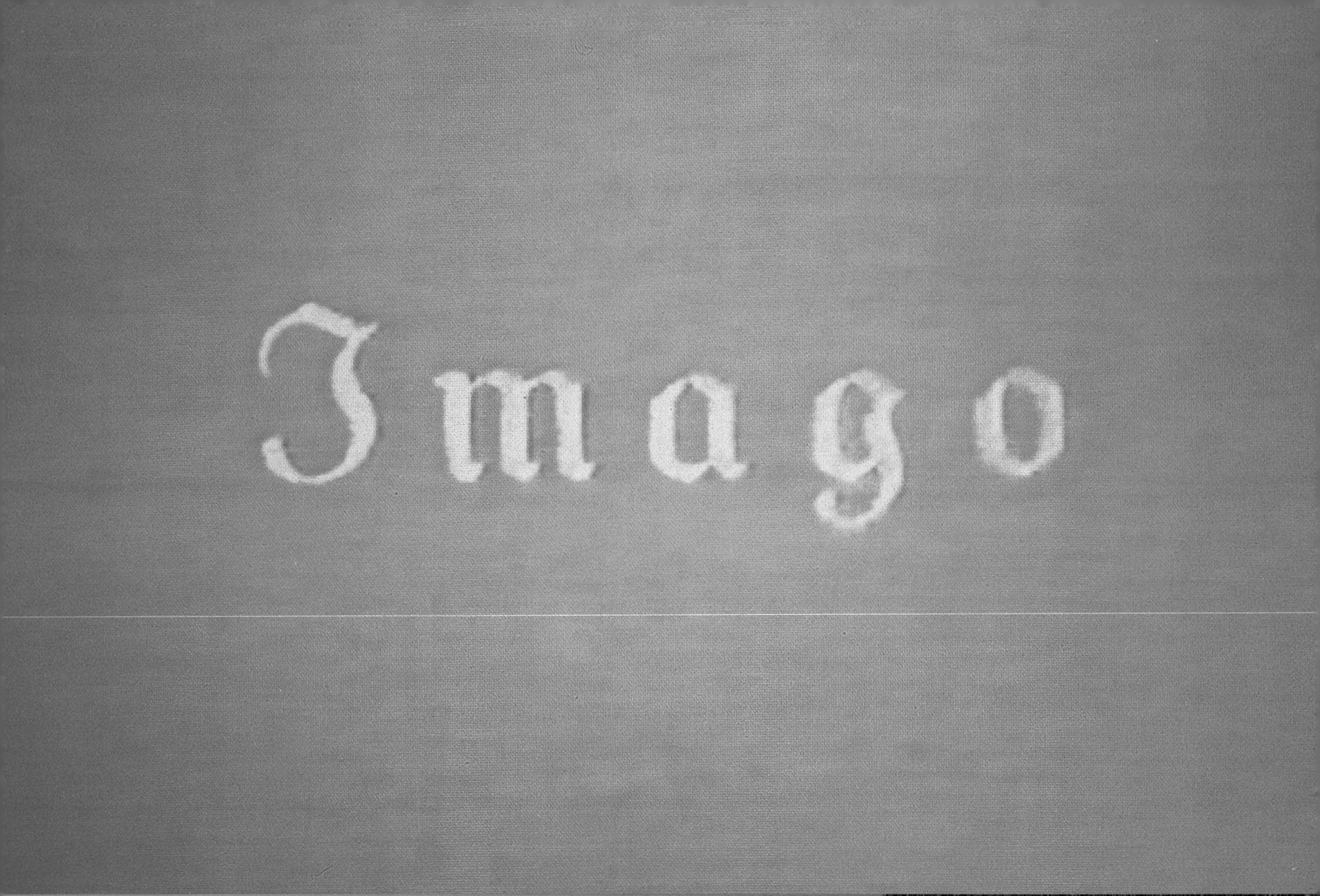
Imago

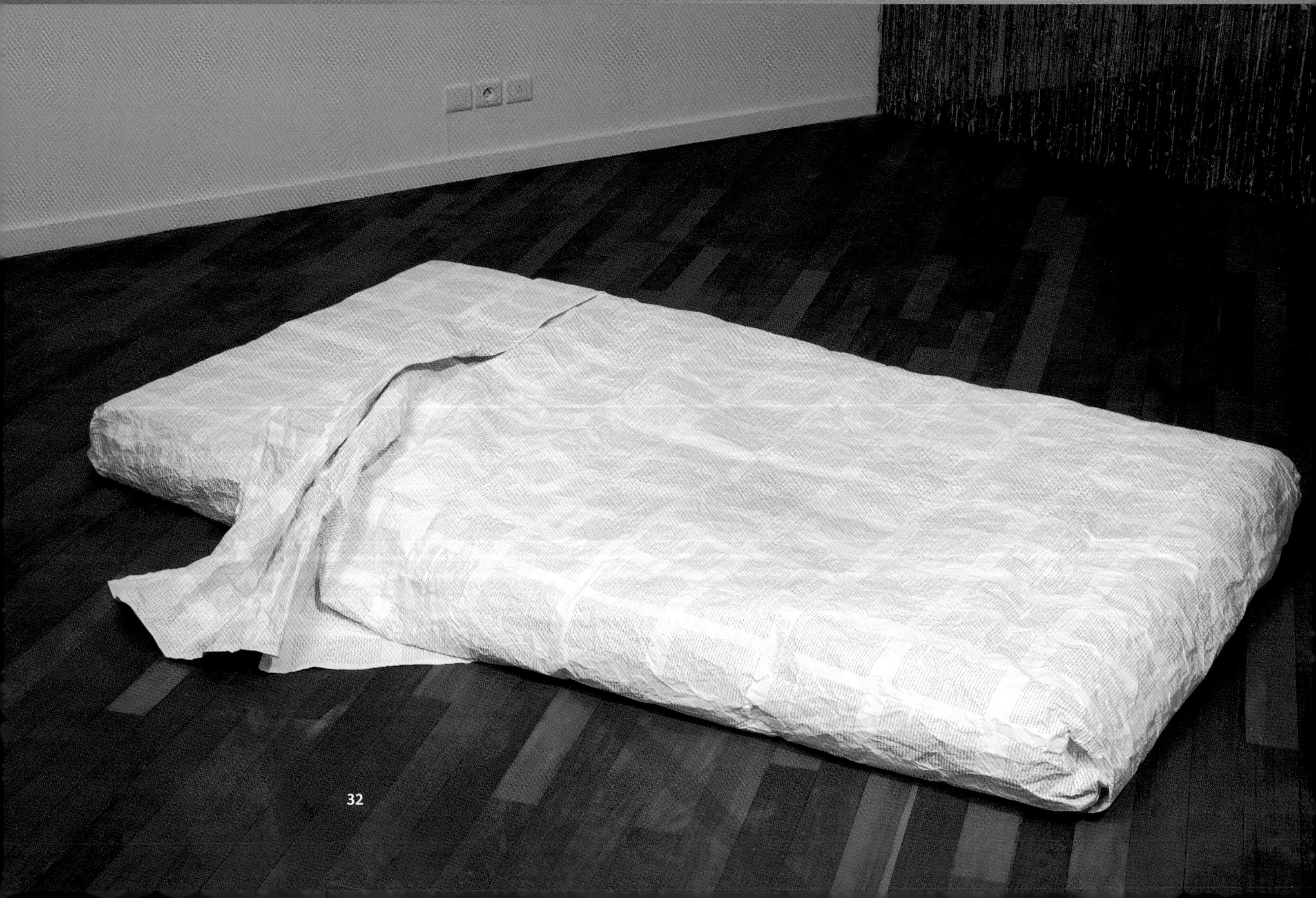

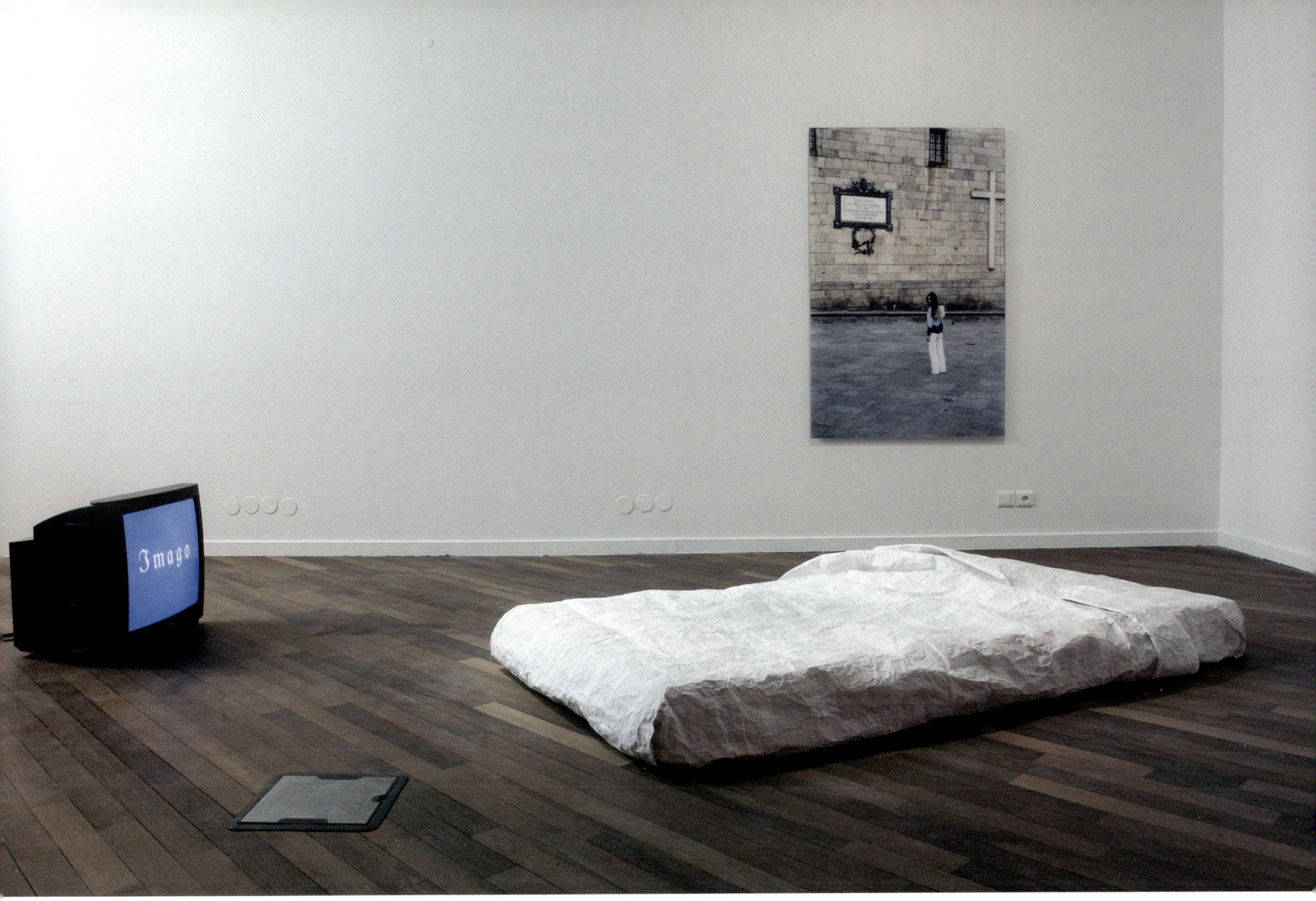

Imago (vidéo), 1996
Los angeles de Santiago de Compostela, 2004
Humbert Humbert, 2004

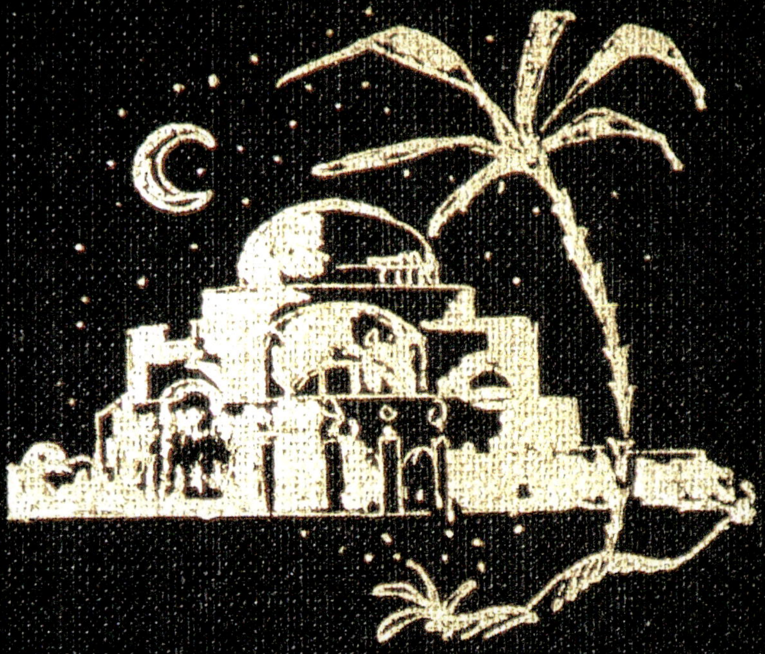

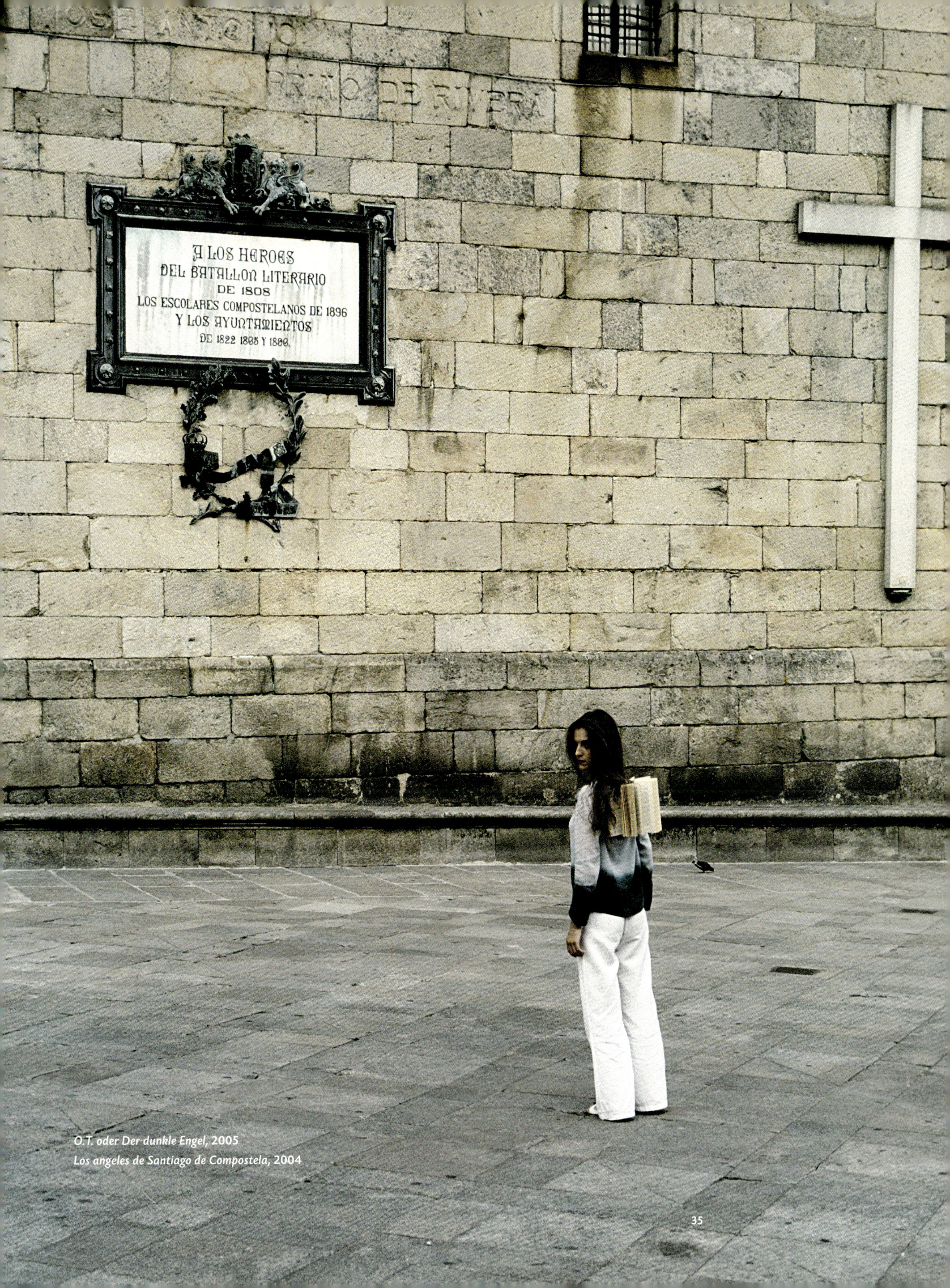

O.T. oder Der dunkle Engel, 2005
Los angeles de Santiago de Compostela, 2004

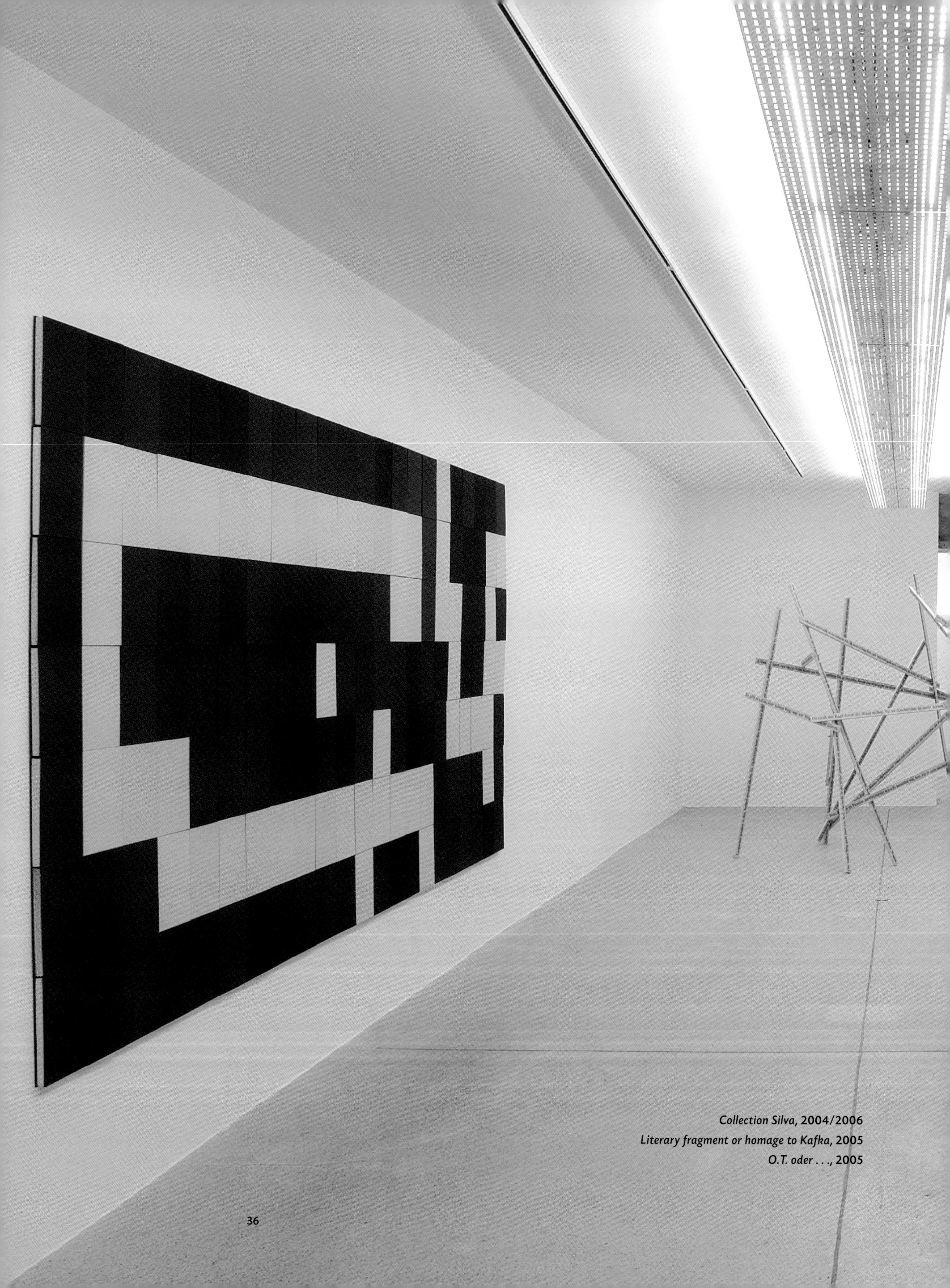

Collection Silva, 2004/2006
Literary fragment or homage to Kafka, 2005
O.T. oder . . ., 2005

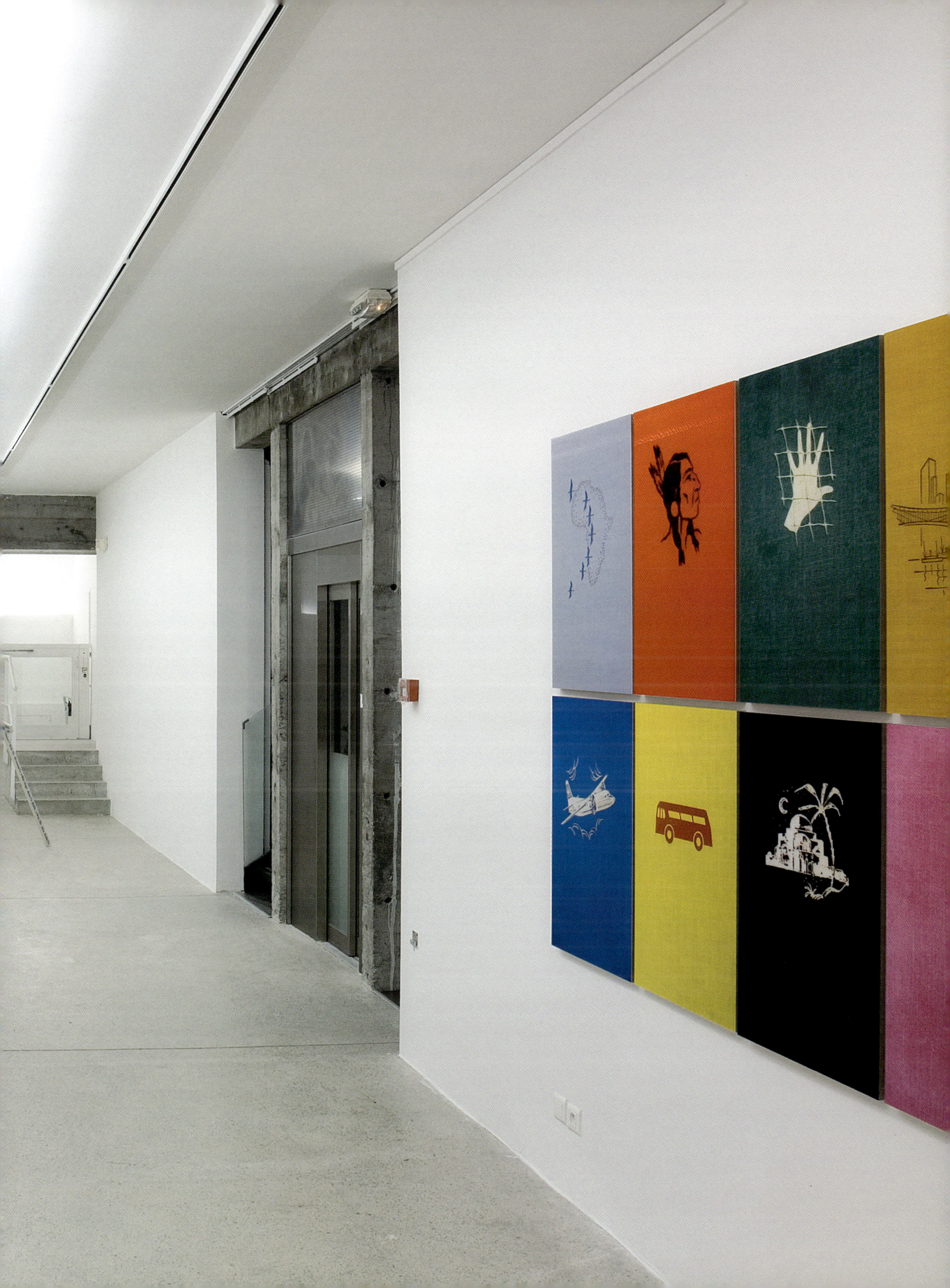

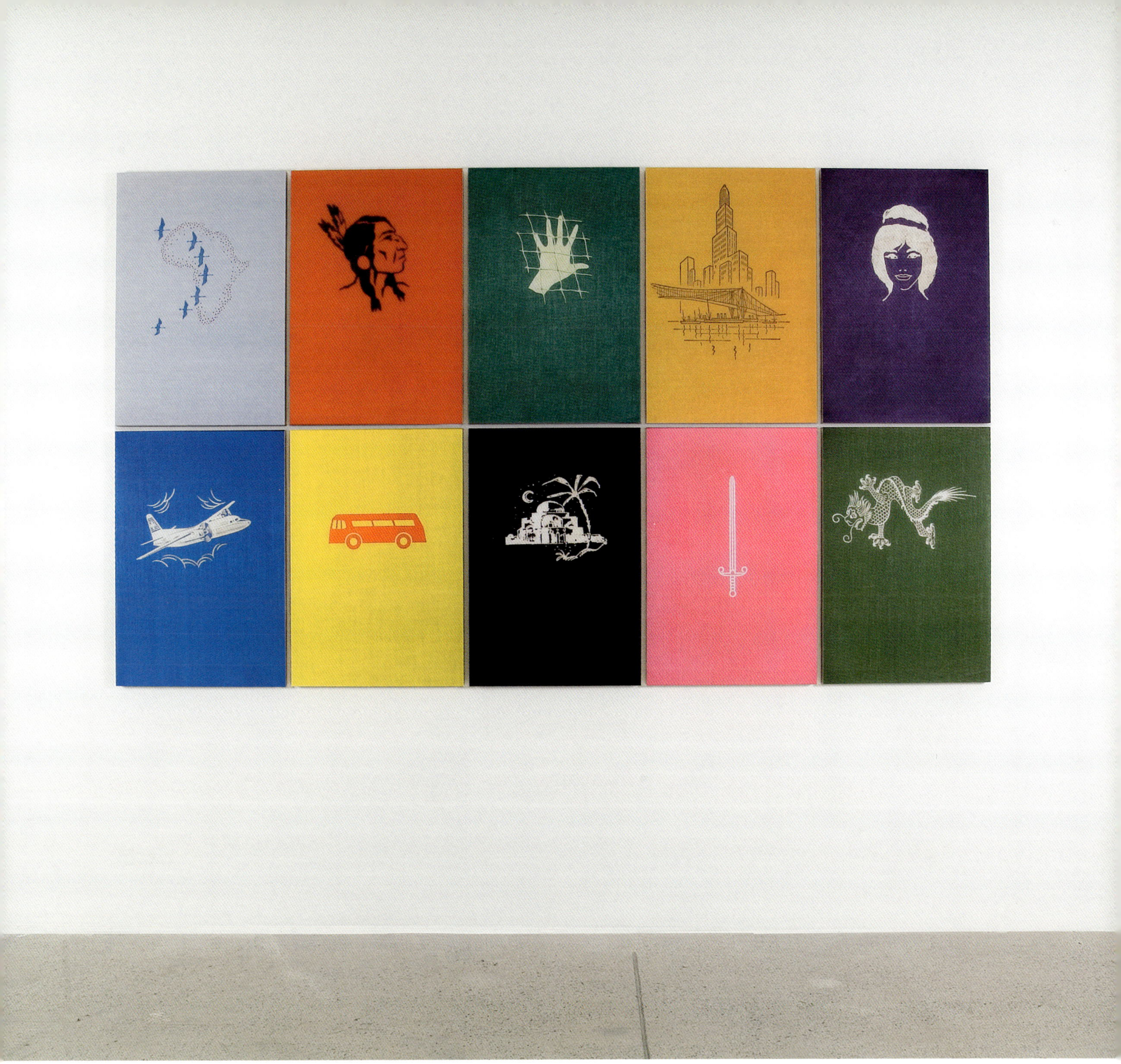

O.T. oder Jahre und Tage, 2005
O.T. oder . . ., 2005

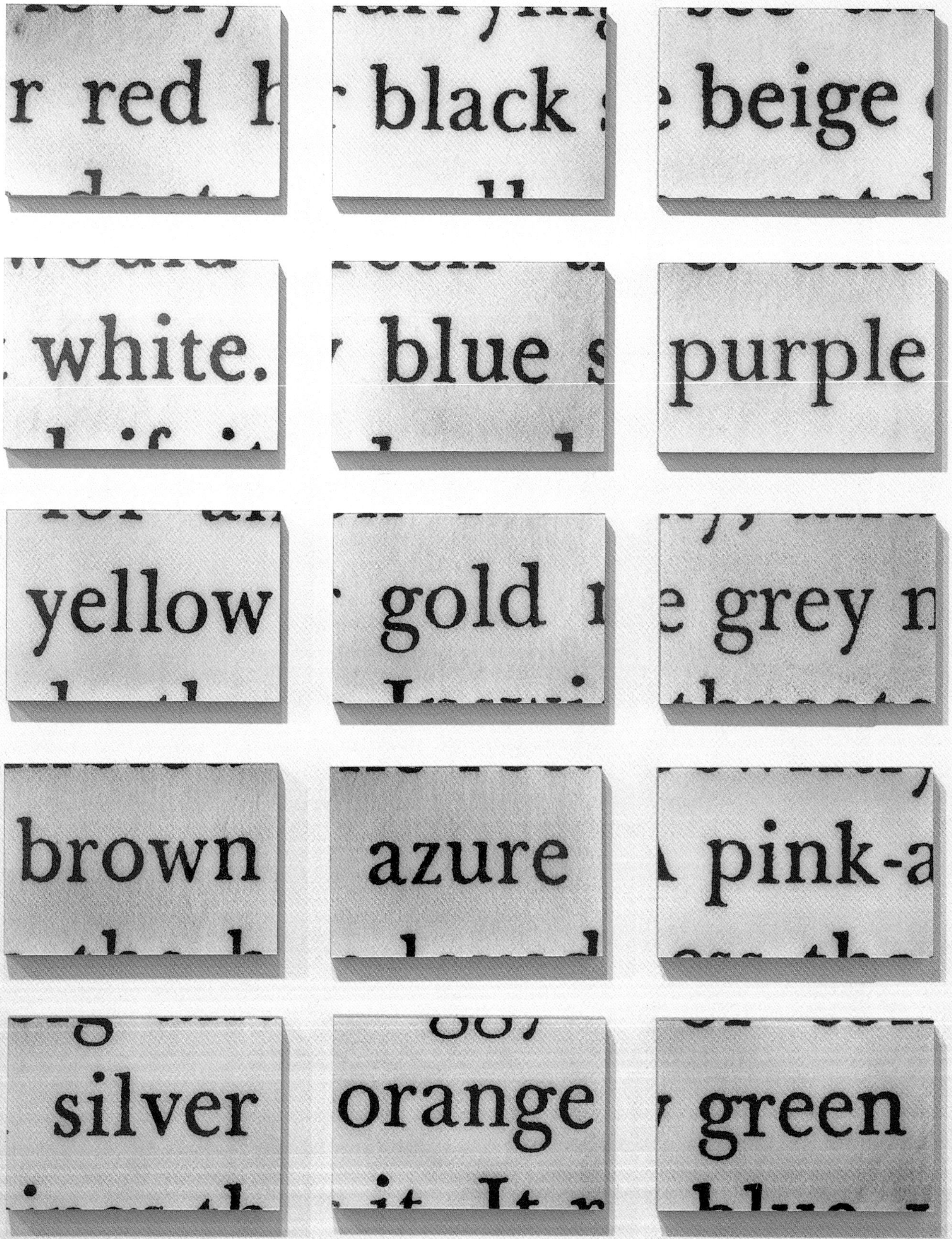

Think colour, 2001

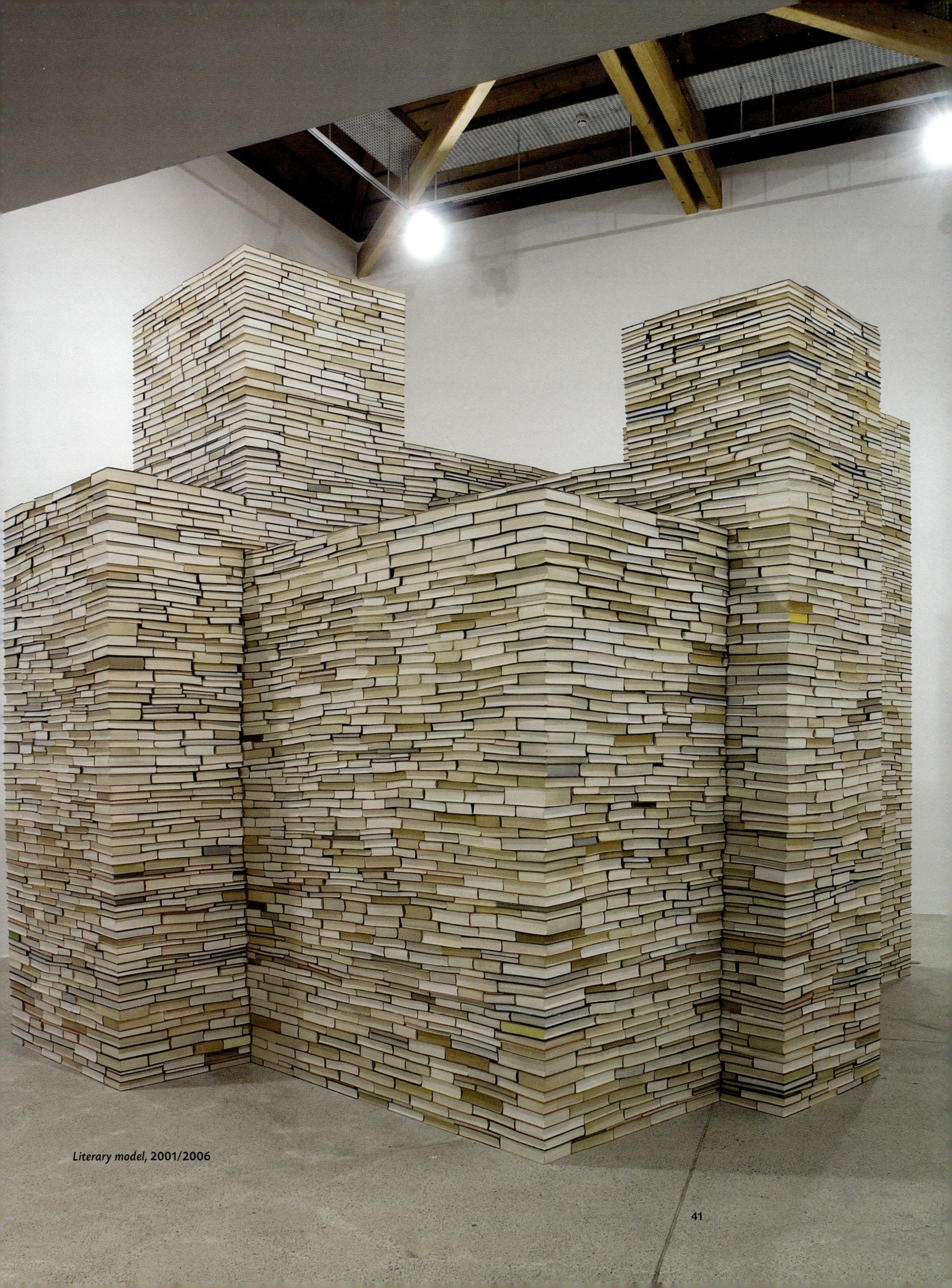

Literary model, 2001/2006

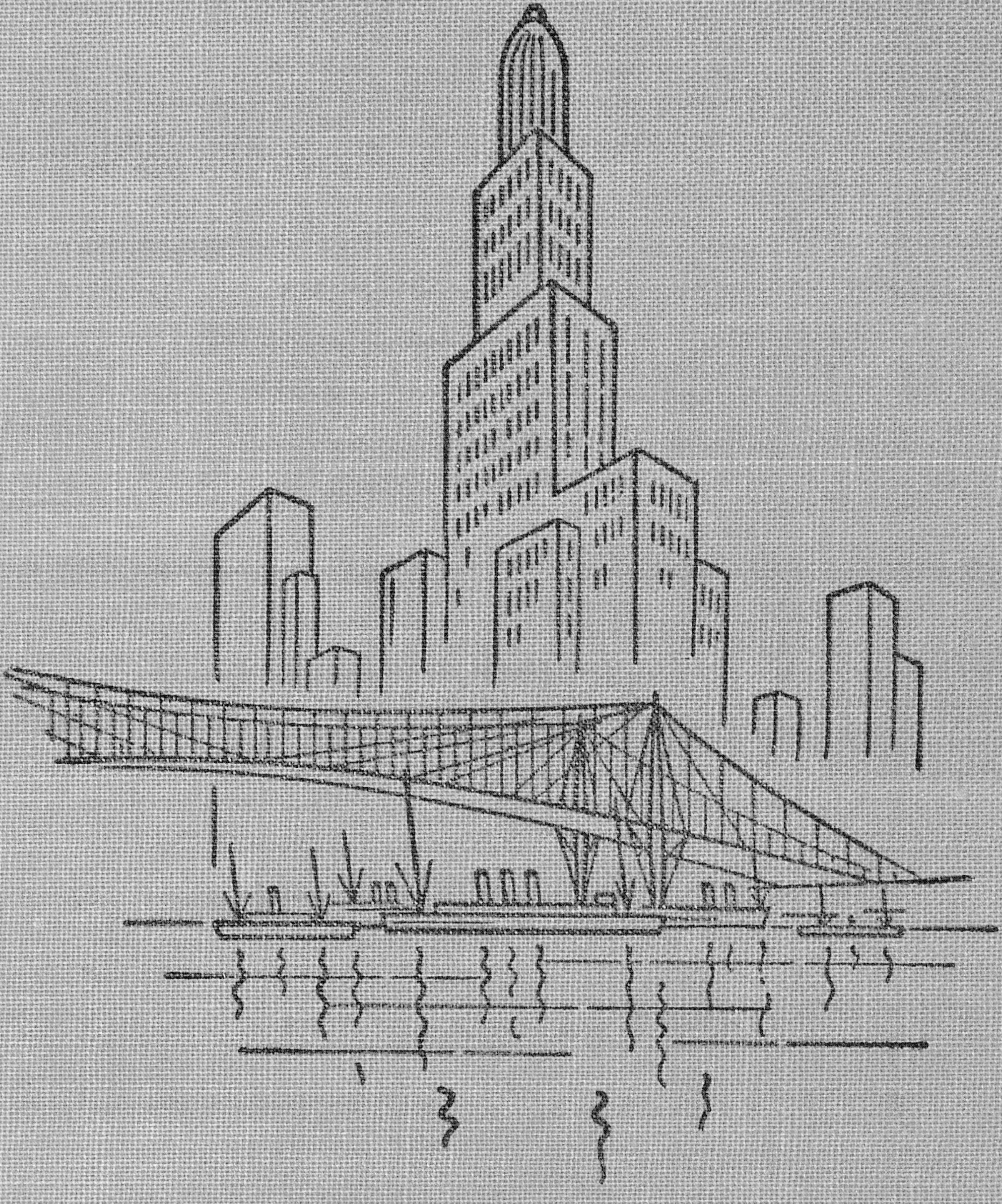

O.T. oder Der Erwerb, 2005

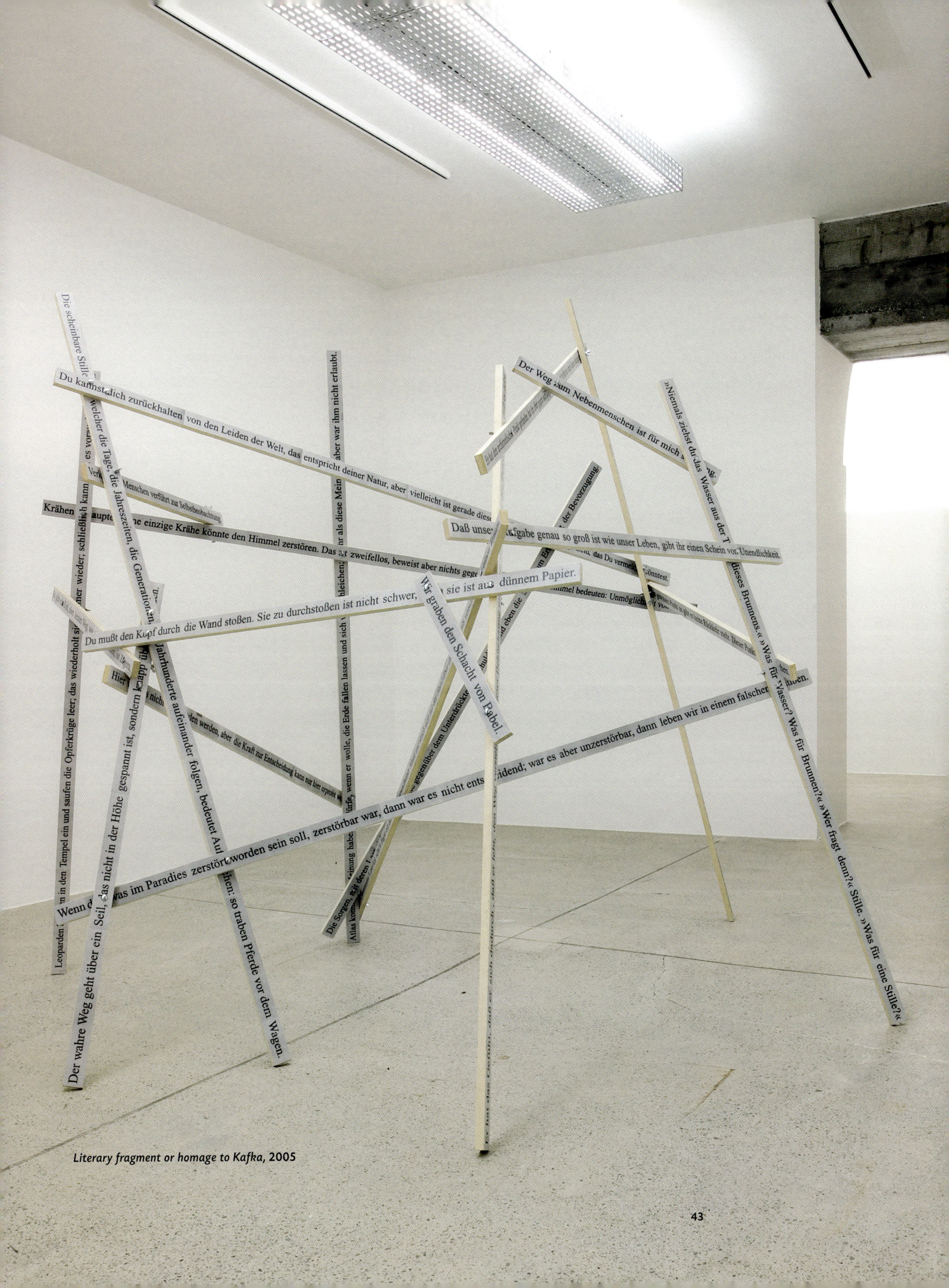

Literary fragment or homage to Kafka, 2005

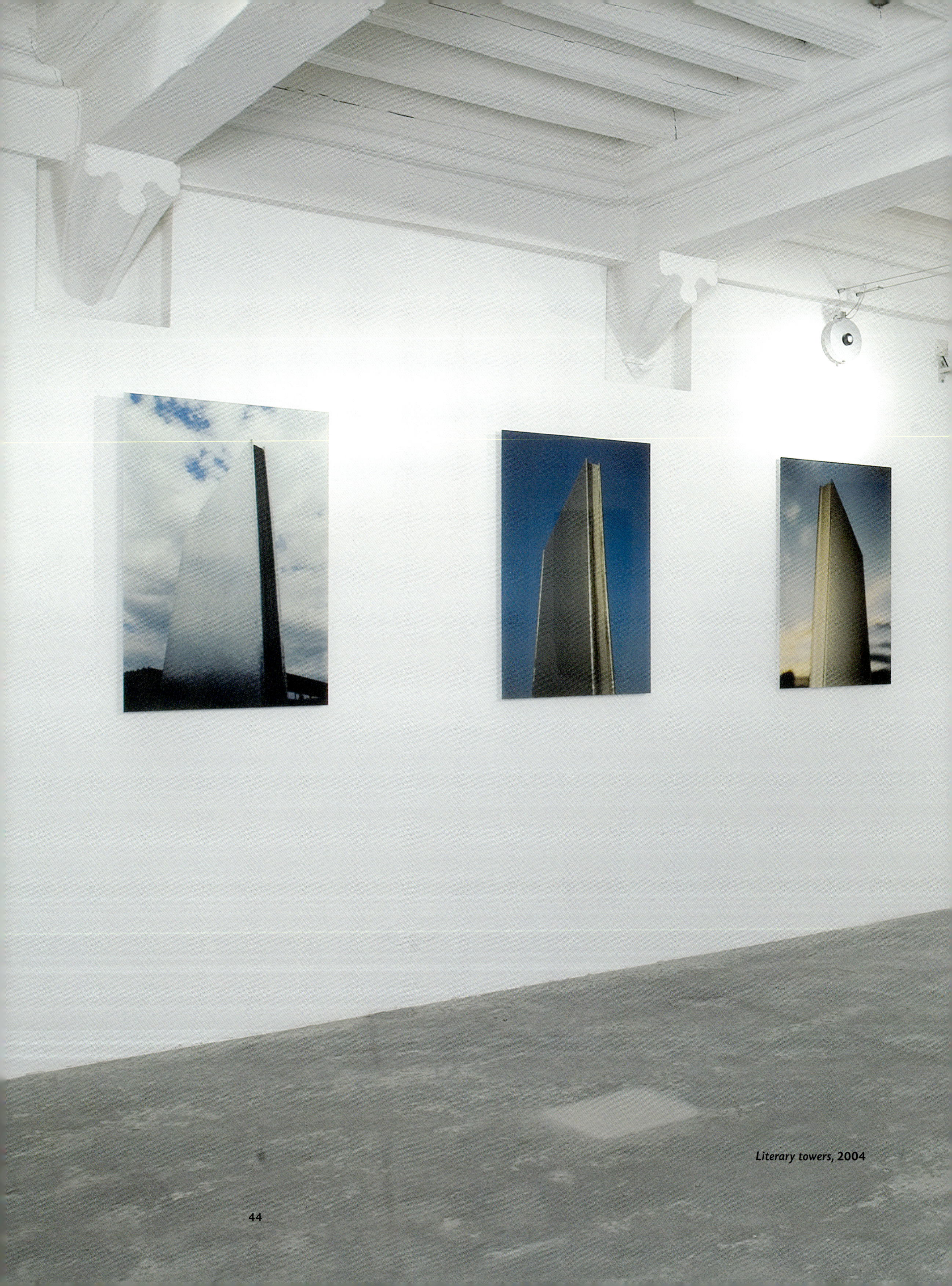

Literary towers, 2004

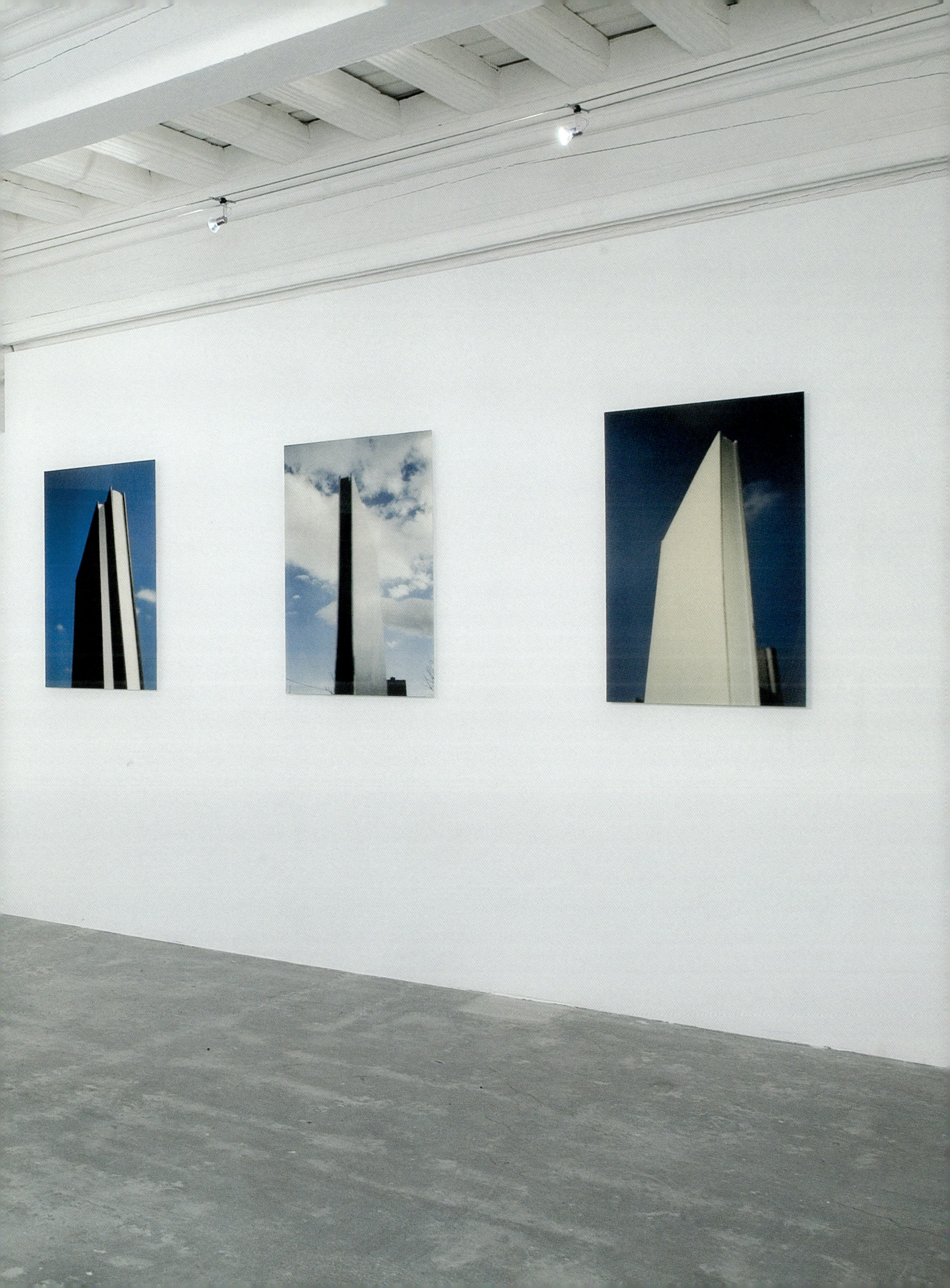

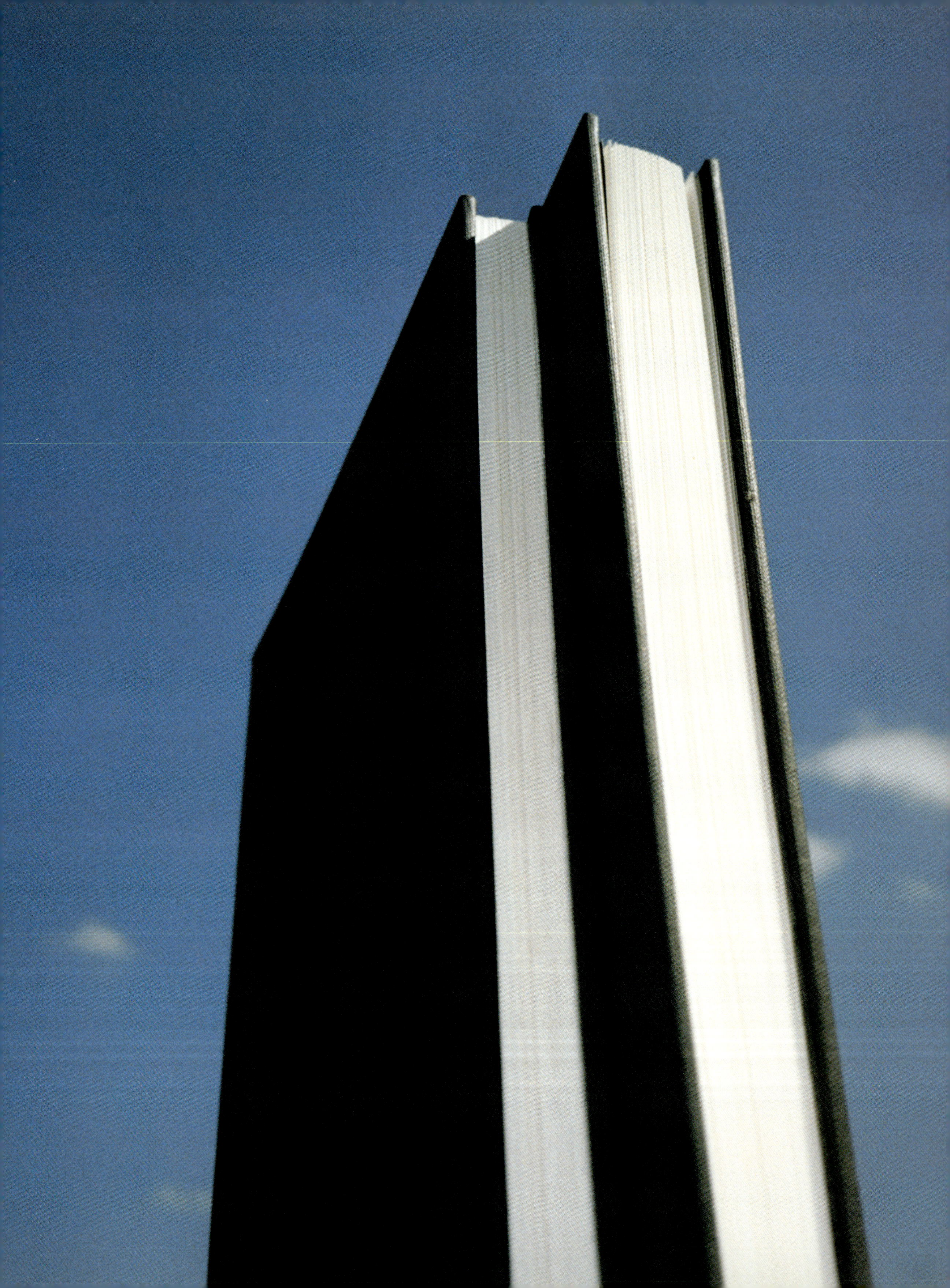

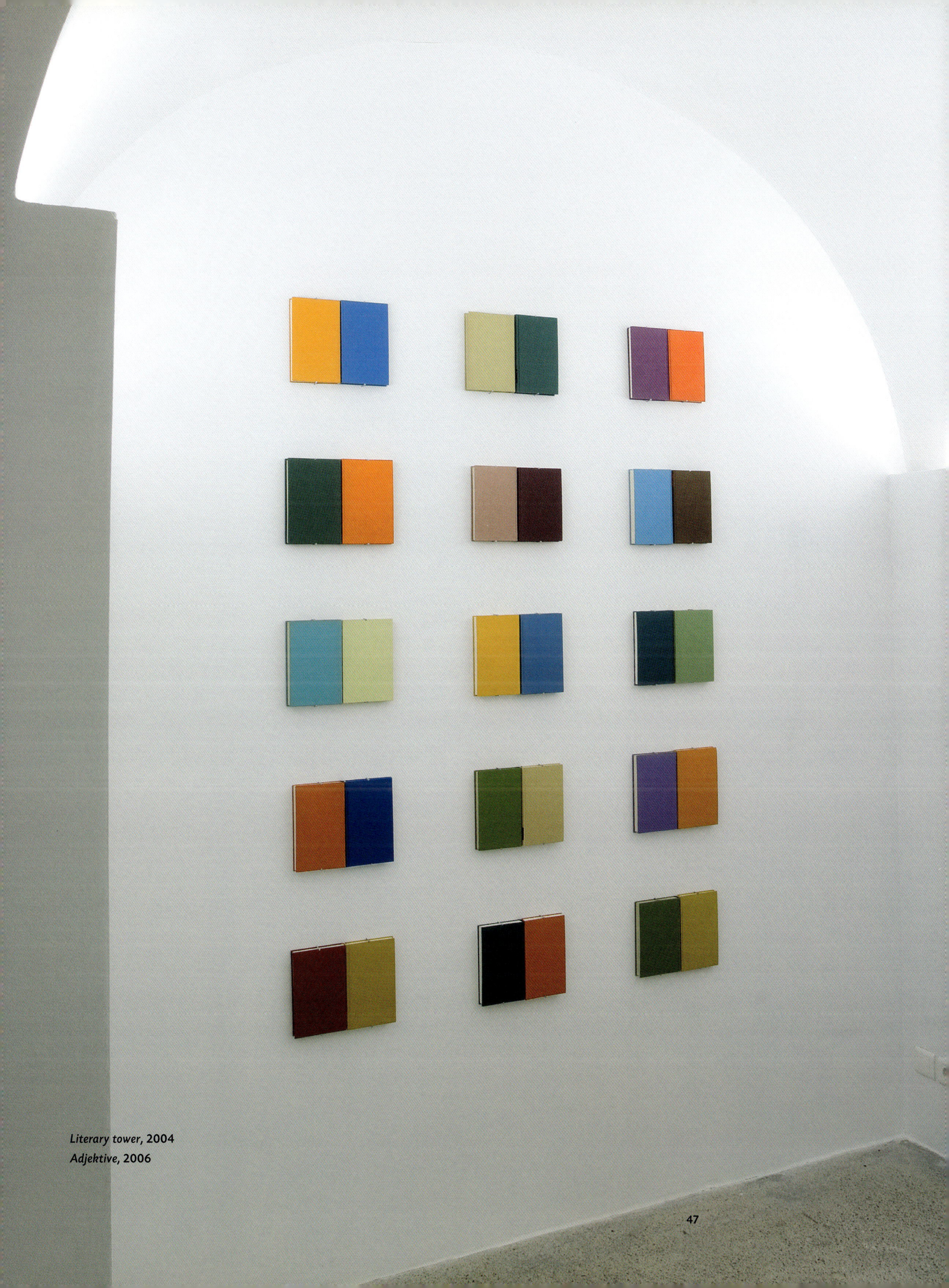

Literary tower, 2004
Adjektive, 2006

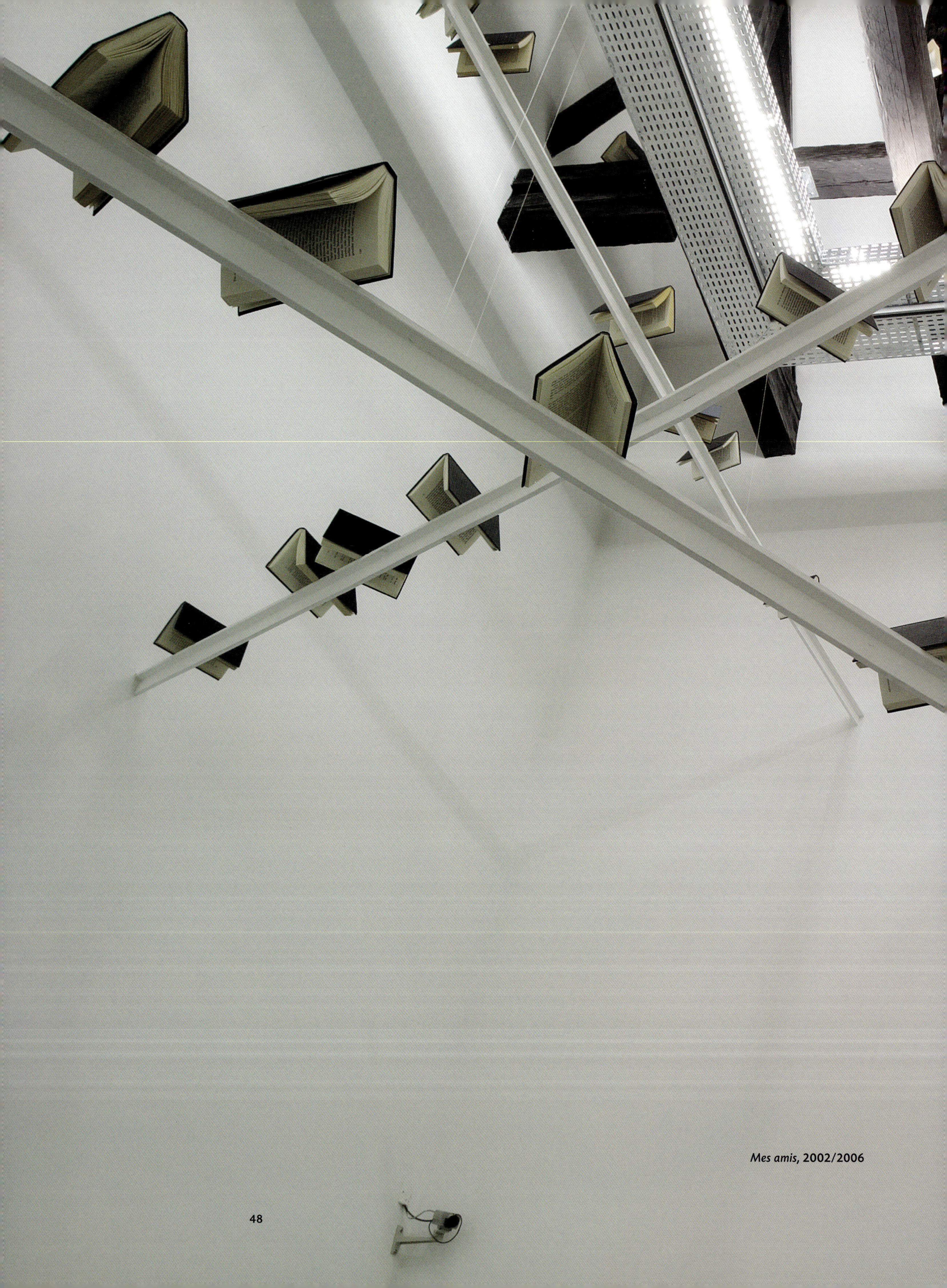

Mes amis, 2002/2006

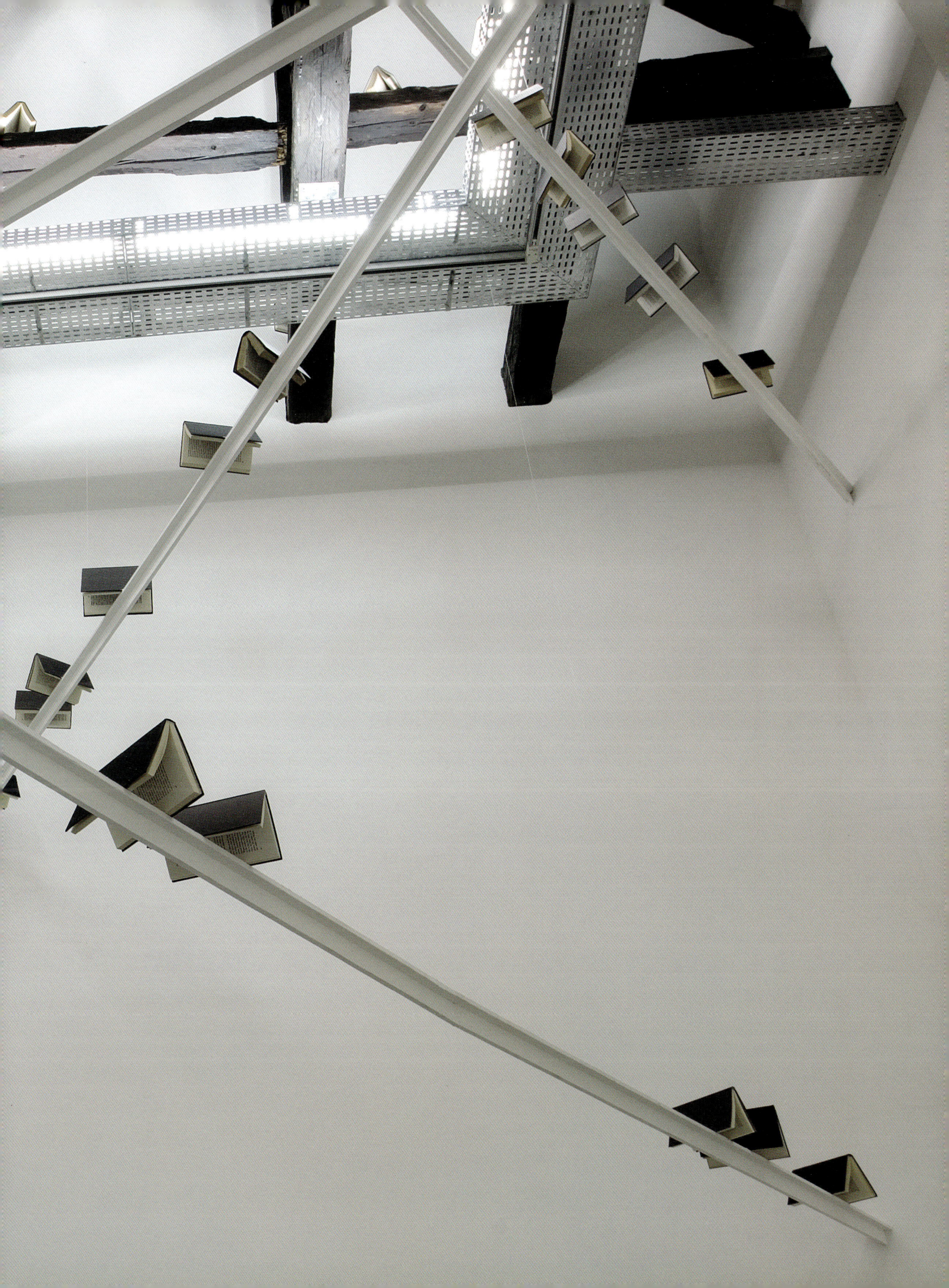

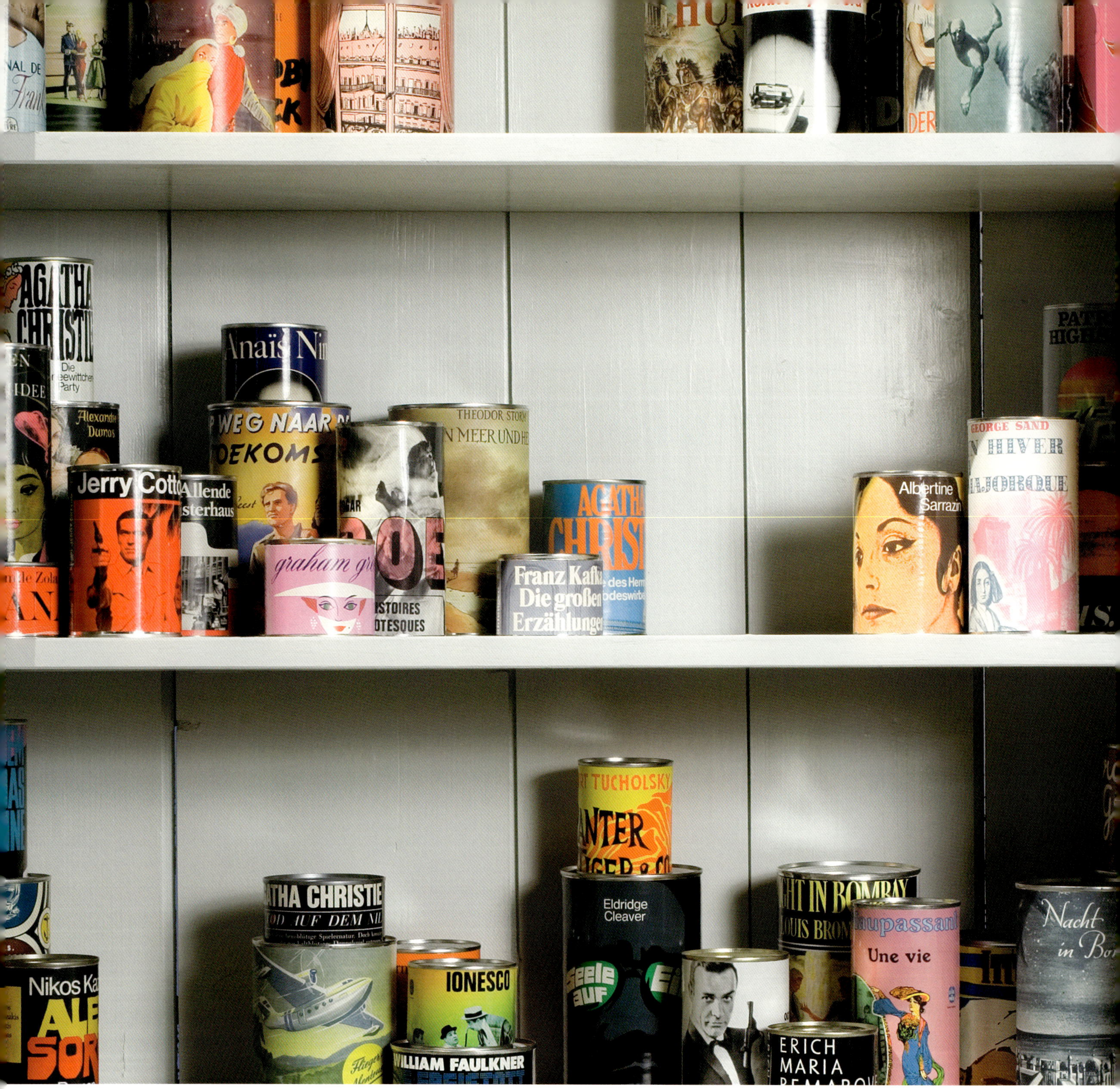

Literary food, 2005

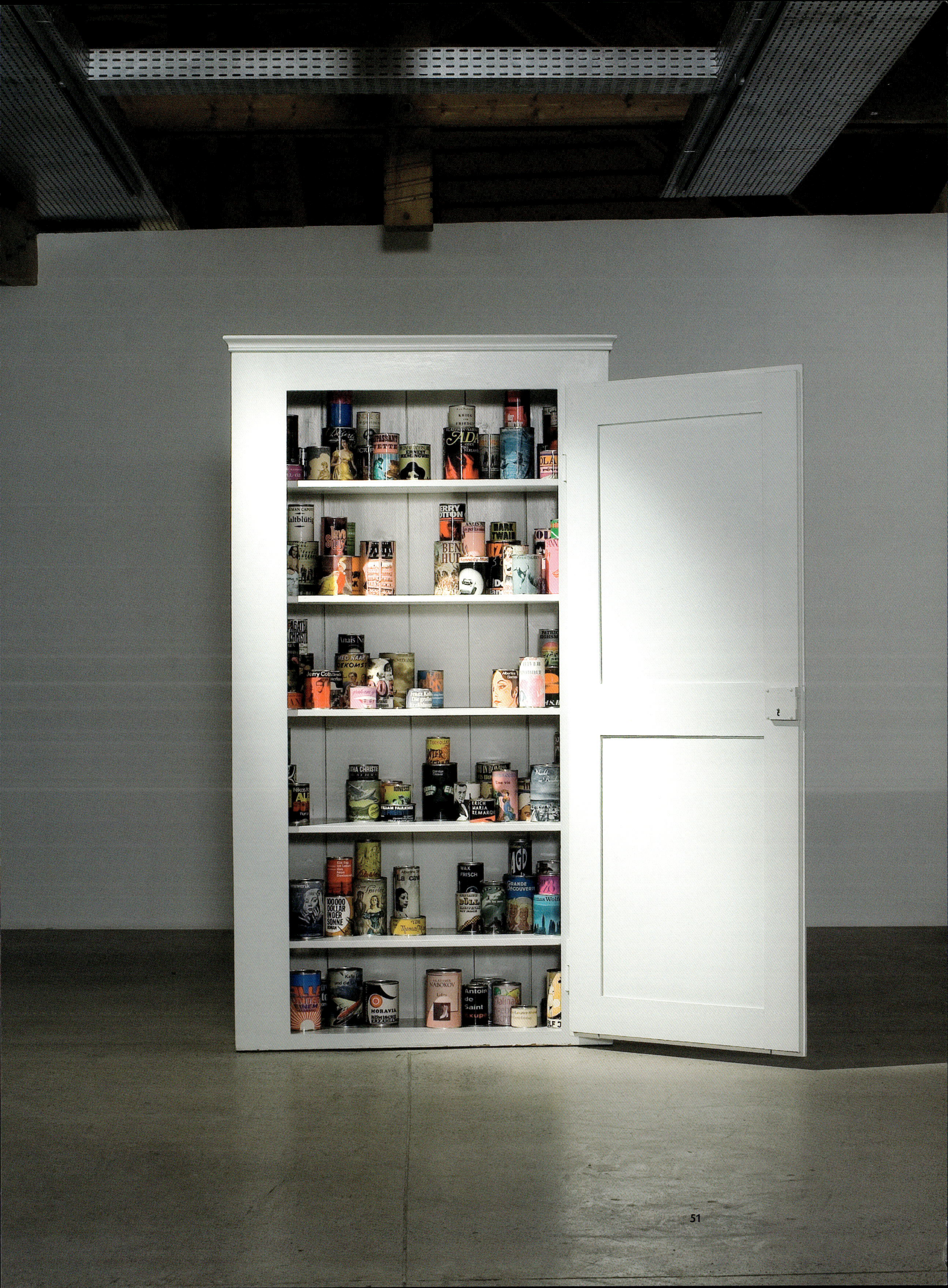
NABOKOV
MORAVIA
ERICH MARIA REMARQUE
MAX FRISCH
100000 DOLLAR IN DER SONNE

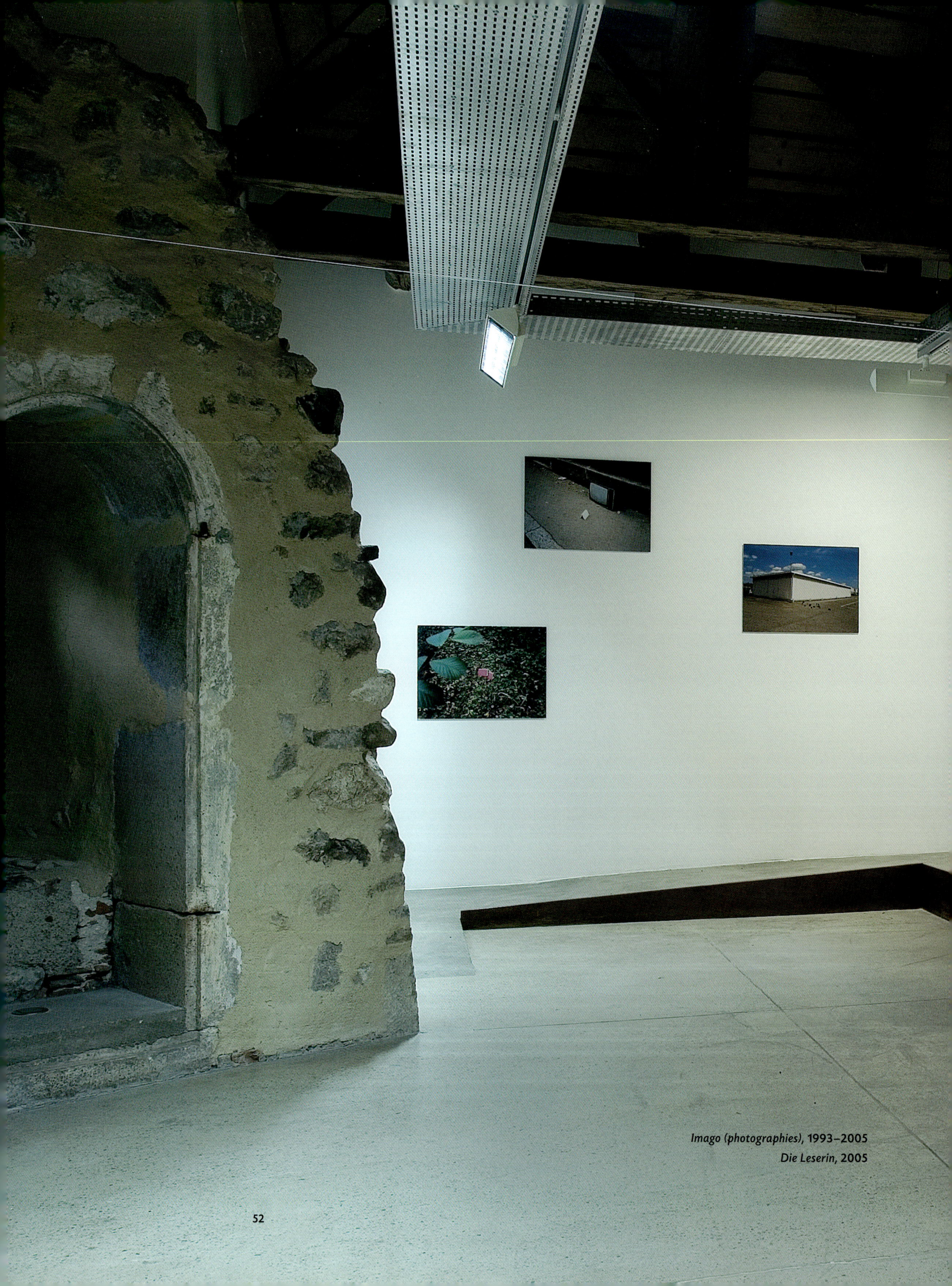

Imago (photographies), 1993–2005
Die Leserin, 2005

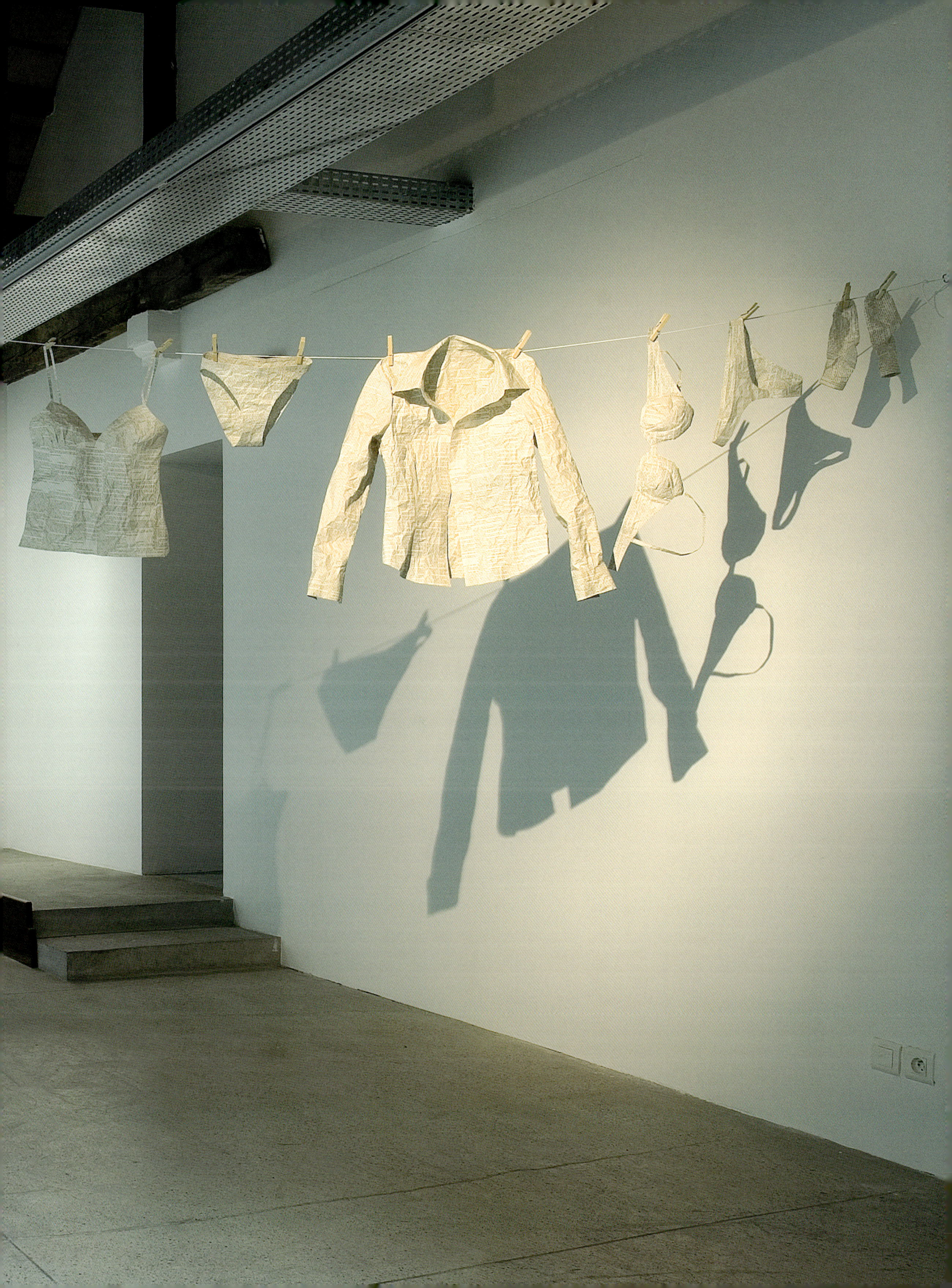

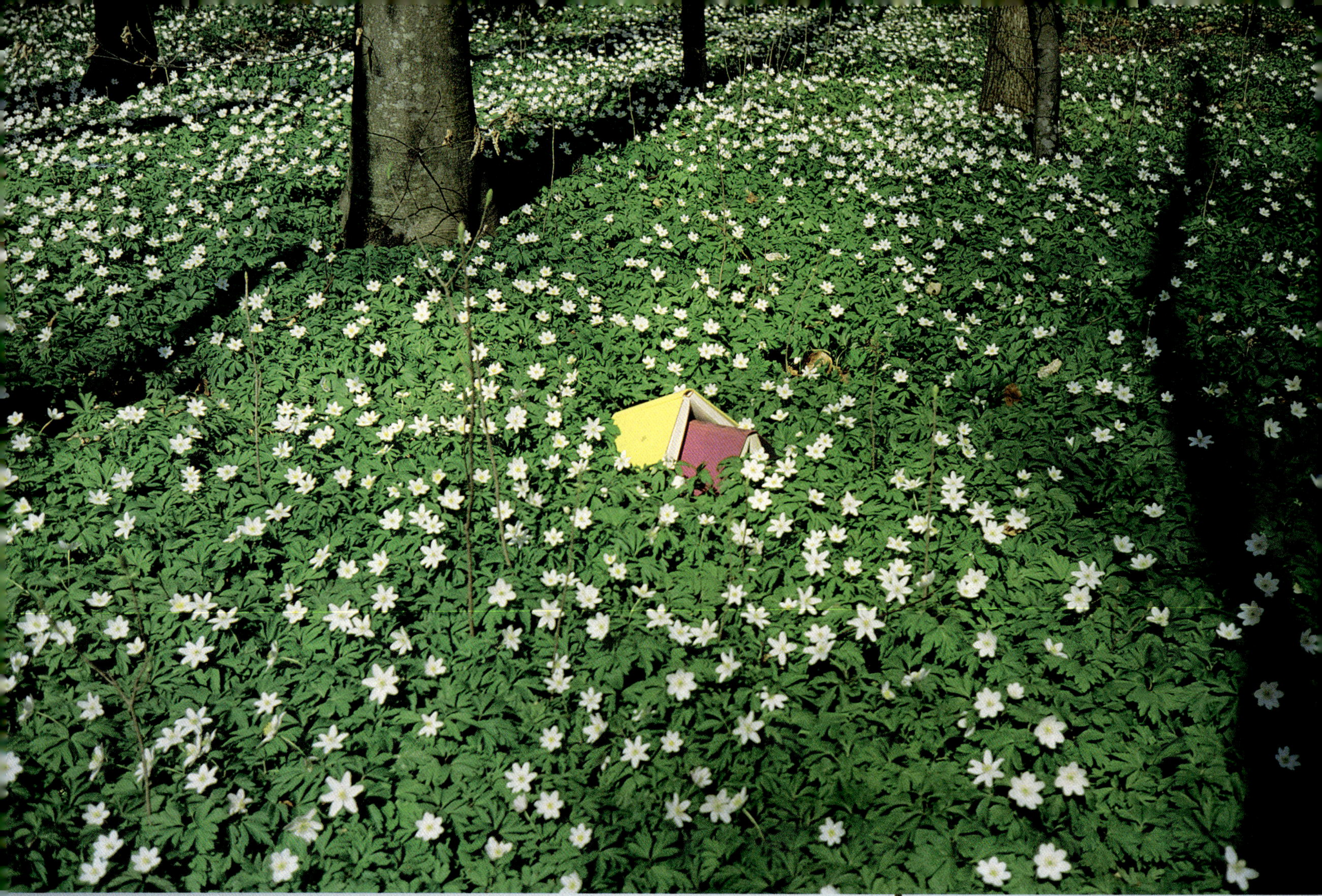

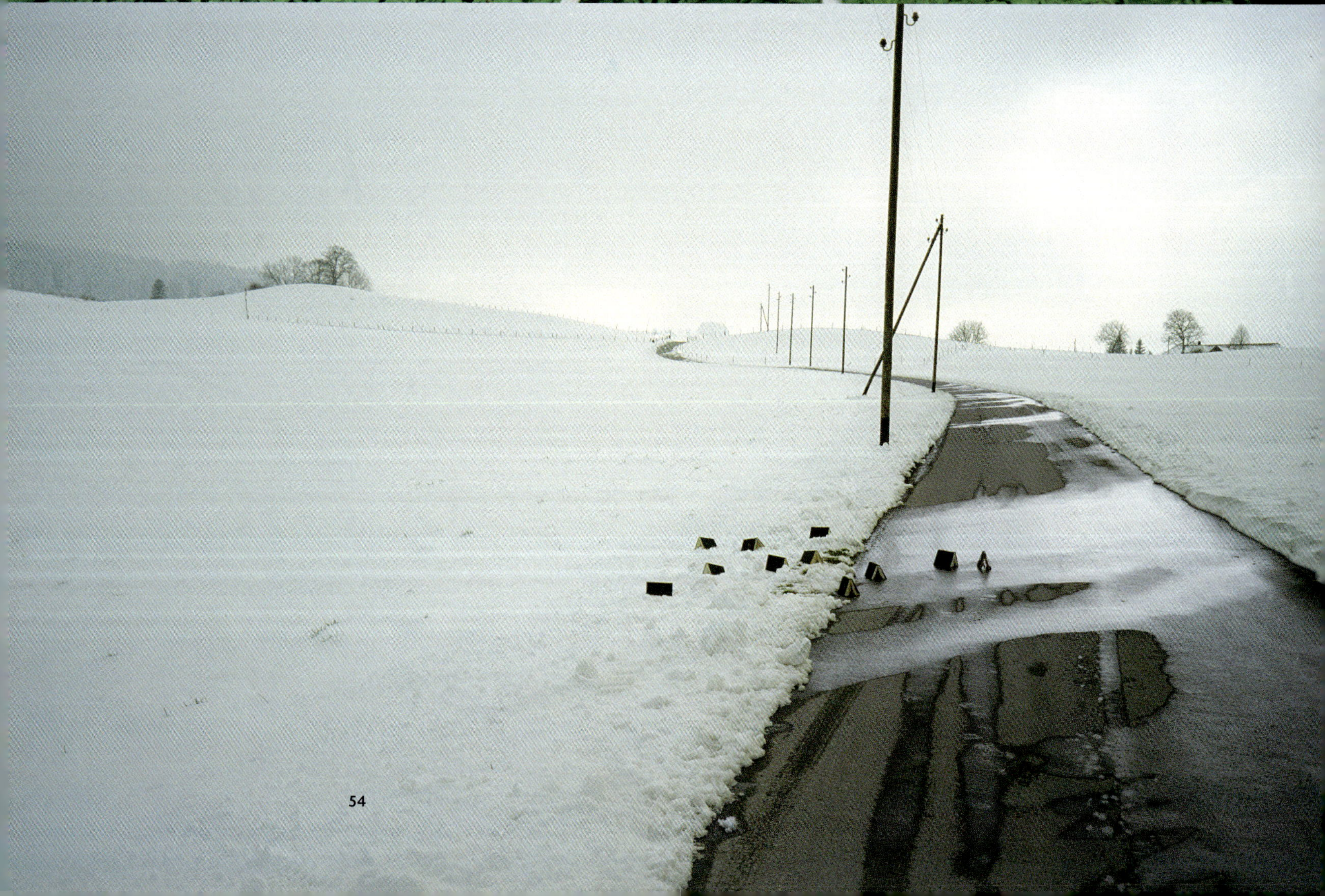

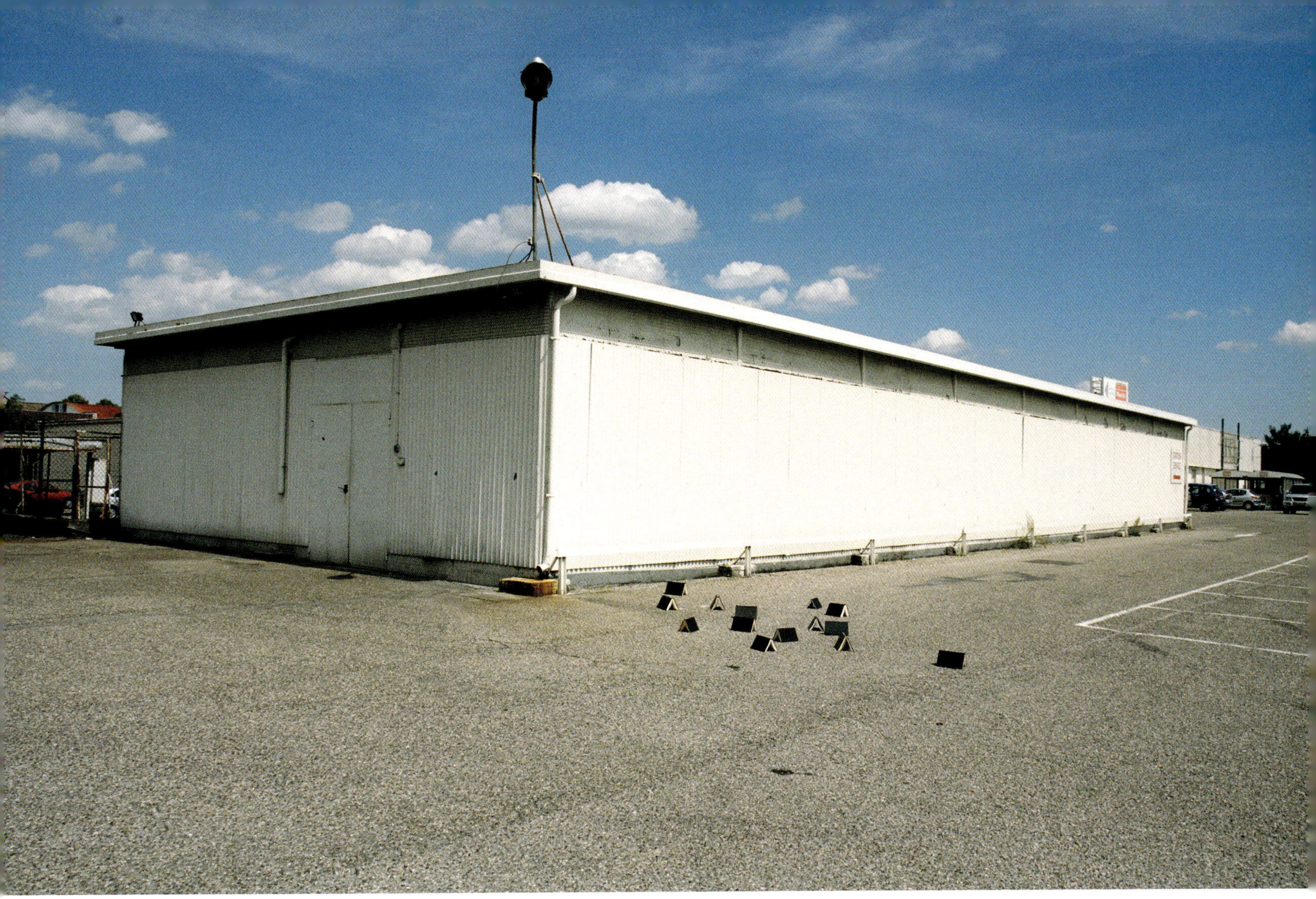

Imago (photographies), 1993–2005

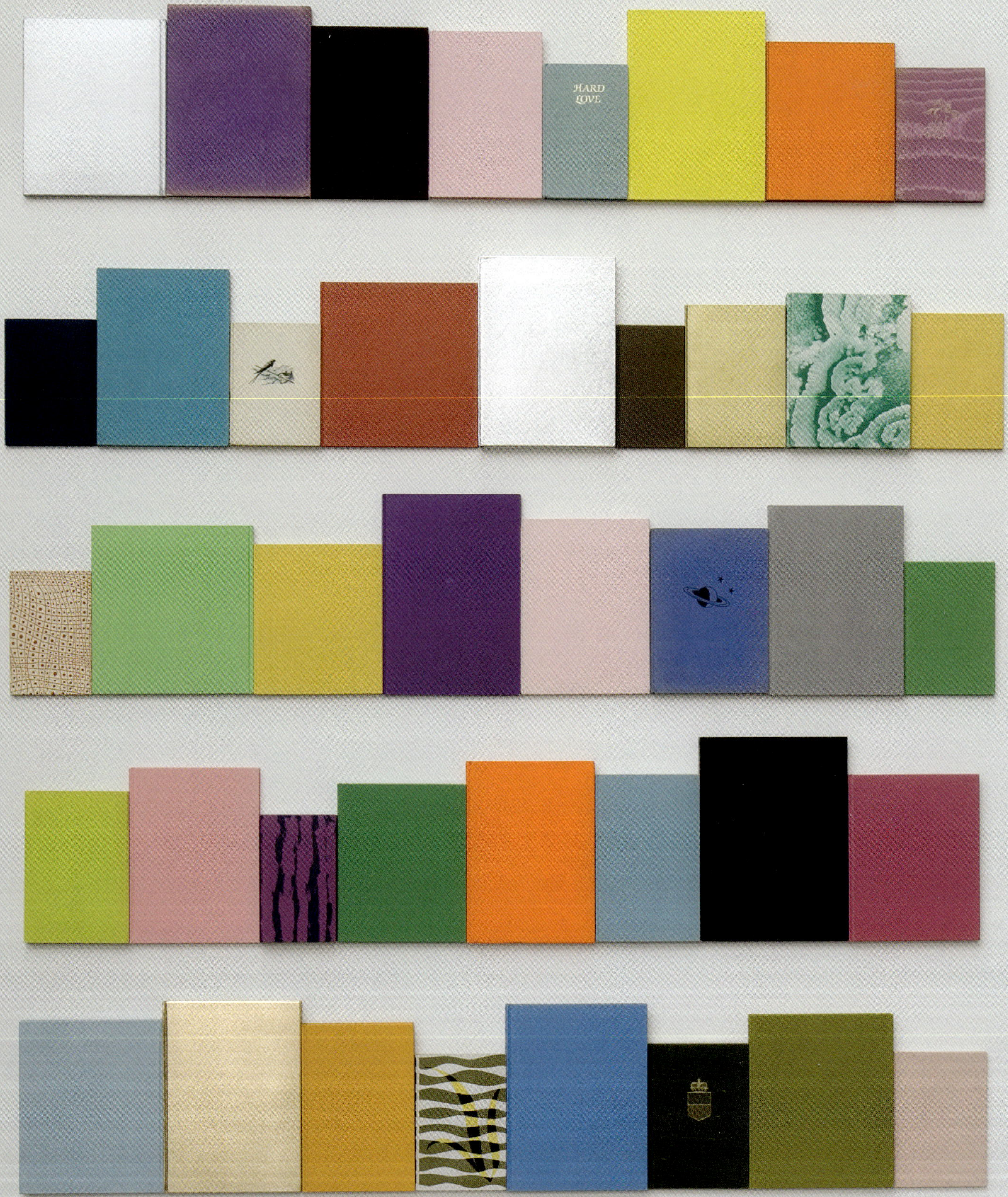

Von der Kunst Sträusse zu binden / polyglot, 2005

Conversation dans la cuisine

Laure Genillard — On t'a demandé récemment de venir parler de ton travail d'artiste à une classe d'écoliers. Tu étais terrifié. Pourquoi ?

Peter Wüthrich — Je considère que ce n'est pas mon travail de m'adresser à une audience en général et encore moins à une classe d'enfants qui n'ont pas vu mon travail. D'habitude, je n'aime pas parler aux gens qui n'ont pas vu ce que je fais. Je trouve que c'est la responsabilité du professeur, du commissaire ou de l'institution de s'occuper de ce genre de communication.

LG — Tu disais également que tu n'aimais pas, que tu détestais même l'école quand tu étais petit.

PW — Oui, c'est juste. Je détestais devoir aller à l'école tous les matins ; c'était une contrainte journalière.

LG — Mais tu aimes les livres et tu aimes lire.

PW — Ça oui ! Mais aller à l'école, c'est différent. Tous les matins la même petite routine . . .

LG — Par la suite, tu es resté fidèle à toi-même puisque tu n'as pas été dans une école d'art, par contre tu as suivi des cours de graphisme ailleurs.

PW — Oui, j'ai suivi des cours à la Kunstgewerbeschule de Berne, une école supérieure d'arts et métiers.

LG — Ensuite tu as été en apprentissage chez un des meilleurs graphistes suisses ; il était très exigeant. Tu disais que tu avais beaucoup appris de cette expérience.

PW — Oui, c'était avec Mr. Kurt Wirth pendant les années 1980–84. Il nous poussait constamment à trouver le dénominateur le plus petit dans la recherche de l'expression d'une idée sans prendre de raccourcis. Quand il nous enseignait la typographie classique, par exemple, il nous demandait de dessiner à la main, sans règle, chaque lettre de l'alphabet Didot. Il m'a donné de nombreux tuyaux dans toutes les disciplines graphiques.

LG — Donc tu travaillais déjà d'une certaine manière avec des livres, mais pas encore en faisant de l'art avec des livres. C'est venu après. Comment s'est fait la transition, le moment de se jeter à l'eau ? J'imagine que gagner un bon salaire chez un employeur suisse réputé paraît plus raisonnable que d'essayer de devenir un artiste. La plupart ont du mal à gagner leur vie.

PW — Je ne me rappelle pas exactement comment ça s'est passé. J'ai senti l'envie d'un changement et j'y suis allé. J'ai la chance d'avoir une femme généreuse qui m'a aidé tout le temps. Mon épouse, Sandra a mis dès le début toute son énergie à soutenir mon travail.

LG — Ici, de nouveau Sandra a suivi et conçu la typographie pour le catalogue, comme elle l'a fait pour celui du Musée de Saint-Jacques de Compostelle en Espagne, celui de la Chaufferie à Strasbourg ou encore pour la Kunsteverein de Freiburg. Vous venez tous deux du même métier de graphiste et vous travaillez tous deux beaucoup avec le livre. Elle, à son ordinateur dans un bureau affairé et bruyant; toi, dans ton atelier, t'asseyant ici ou là, écoutant de la musique, rêvant. Je suppose que chacun fait ce qu'il sait faire le mieux.

PW — Je pense qu'il s'agit plutôt de penser que de rêver. Je ne passe pas ma journée assis dans un fauteuil à regarder par la fenêtre. Mais j'aime regarder le ciel ou écouter un disque ou lire un livre et en fait il y a plein de choses que j'aime faire dans la vie. Si ma vie est ici en Suisse dans une ville jolie et paisible comme

Berne, j'aime quand même lire et penser à d'autres existences ailleurs, comme sur cette photo par exemple, avec ces filles magnifiques et puissantes.

(Image tirée d'une coupure de journal colombien épinglée au mur, montrant un gang de cinq ou six jeunes femmes à l'air invincible, en jeans et blousons de cuirs, dévalant une rue armées jusqu'aux dents.)

LG Bien sûr qu'elles sont magnifiques avec leur peau basanée, des vêtements sexy, des jeans, des bottes ; je dirais même qu'elles ont un air punk rock anglais. Et avec ces armes, comment ne seraient-elles pas terriblement séduisantes !

PW Peut-être est-ce ce mélange de réalité brutale et de beauté éclatante . . .

LG Peut-être que les Suisses qui vivent dans un pays qui, vu de l'extérieur, semble être un petit paradis, ont besoin de s'identifier à un genre Western-Guerilla pur et dur. Ce n'est pas seulement ici, c'est devenu un style presque classique dans l'Ouest. Tu as l'air d'aimer ce genre ?

PW Evidemment, j'adore ces filles ou ces types avec leurs blousons noirs et leurs superbes motos, ils représentent mon autre moitié. L'opposé de mon côté rigoureux. Aucune patience. Prend le pistolet et zigouille les tous. Mon film favori est *Reservoir Dogs* de Tarantino. Tu vois, comme mon signe astrologique est celui de la Vierge et que mon ascendant est le Sagittaire, si j'étais une femme au foyer en train de nettoyer la cuisine, je jetterais tout directement à la poubelle. Voilà, c'est propre !

LG L'esprit de ton travail ressemble parfois à celui d'artistes suisses comme Roman Signer ou Christophe Rütiman. Je pense à leur manière de jouer avec l'humour, le minimalisme et un certain détachement conceptuel. Qu'en penses-tu ?

PW La question de l'art suisse ne m'intéresse pas trop, mais j'aime bien le travail de ces deux artistes.

LG Qu'est-ce que tu lis en ce moment ?

PW *America* de T.C. Boyle, une histoire sur la réalité contemporaine dans le contexte californien d'aujourd'hui.

LG Connais-tu le livre de Sartre *Les Mots* auquel Jean-Pierre Greff fait notamment référence dans le catalogue de l'exposition de la Chaufferie de Strasbourg, lorsqu'il parle de ton travail ?

PW Oui, j'ai retrouvé ce livre par hasard et il était en effet parmi « les oiseaux noirs » exposés à la Chaufferie de Strasbourg. Certaines phrases de ce livre sont importantes pour moi mais il y en a d'autres, comme celles de Victor Hugo (que j'aime beaucoup) dans *Notre-Dame de Paris* où il déclare que l'art de l'imprimerie remplace l'art de l'architecture comme chronique du chef-d'œuvre humain. « Le livre tuera l'édifice. [. . .] Sous la forme de l'imprimerie, la pensée est plus impérissable que jamais ; elle est volatile, insaisissable, indestructible. Elle se mêle à l'air. Du temps de l'architecture, elle se faisait montagne et s'emparait puissamment d'un siècle et d'un lieu. Maintenant elle se fait troupe d'oiseaux, s'éparpille aux quatre vents, et occupe à la fois tous les points de l'air et de l'espace. » (Victor Hugo, *Notre-Dame de Paris*).
J'ai lu un peu Sartre mais j'ai préféré Simone de Beauvoir. Sartre m'ennuyait. C'est un peu lourd, je n'ai pas réussi à entrer dedans.

(Il va dans le salon et me rapporte le livre.)

J'ai commencé à lire *Les Mots* jusqu'à ce paragraphe où Sartre dit que les livres sont comme des oiseaux pour lui. Là je me suis arrêté de lire. C'était trop proche de mon art. Il n'y a pas que Sartre, comme je l'ai indiqué précédemment – il y a de nombreux écrivains qui lient les livres avec les oiseaux.

(Je remarque en effet en feuilletant le livre que les nombreuses lignes soulignées au crayon s'arrêtent au paragraphe où les livres deviennent des oiseaux.)

LG Je vois Sartre comme une belle coïncidence, comme un parallèle stimulant. Tu utilises les livres comme des briques pour construire une sculpture, comme Sartre utilise les mots pour écrire un livre.

Tu as récemment essayé de réaliser un film à Milan, dans le contexte d'une exposition s'intitulant *Les Anges de Cimiano*. Tu as présenté une série de photographies pour l'instant, le film n'étant pas encore fini. Peux-tu parler de cette expérience ?

PW J'ai été invité par Elena Quarestani à faire une exposition personnelle dans son espace d'art contemporain Assab One, installé dans une friche industrielle de la banlieue de Milan. Je suis allé faire un tour dans une banlieue malfamée de Milan qu'on appelle Cimiano dont on m'avait averti qu'elle était dangereuse mais je n'ai pas eu ce sentiment. J'aime ce genre de quartiers parce que les gens y sont plus naturels ; il y a plus d'énergie et de spontanéité, et c'est ce que je recherche.

J'ai donc demandé aux passants s'il voulaient bien « être des anges » pour une courte période, une heure à peu près et si ça ne les dérangeait pas d'être photographiés et filmés. Je leur ai demandé de porter un livre ouvert attaché sur le dos à la manière d'un sac à dos. J'y suis allé au moment du coucher du soleil avec mon assistant, c'était la fin d'une belle journée ensoleillée. On ne nous a pas agressés, au contraire, les jeunes étaient ravis de leur nouveau rôle et s'engageaient d'une manière innocente et spontanée. Il y avait par exemple un jeune homme à l'air dur, avec des lettres tatouées sur chaque phalange formant le mot « hate » (haine). En fait, il a joué son rôle d'ange à la perfection au point d'en être transformé, « exorcisé » pourrait-on dire.

LG Qu'as-tu fait des photos ?

PW Elles ont été exposées à Assab One. Elles ont aussi été utilisées pour un livre d'artiste et pour une série d'affiches placardées dans différents quartiers de la ville, pour annoncer l'exposition, un peu comme un projet d'art public.

LG Donc tu as transformé des jeunes des quartiers en adorables petits anges ?

PW En anges, oui, mais pas tous adorables . . .

LG Est-ce que tu leur demandais de se comporter d'une certaine manière ?

PW Non, je leur demandais de faire ce qu'ils voulaient avec leurs « nouvelles ailes ». Ils ont réagi d'une manière tout à fait spontanée, c'est ce que je voulais.

LG Je vois beaucoup d'humour dans ton travail. J'ai toujours apprécié cet aspect de ton travail. Quelle est ta perception sur l'utilisation de l'humour dans tes installations ?

PW L'humour pour moi, c'est l'autre face de la tragédie, le côté pile d'une pièce de monnaie. Les artistes sont souvent associés à une forme de cynisme, que les gens interprètent faussement comme une sorte d'humour ironique. Je pense que c'est parce que les artistes sont souvent tristes.
Quand je présente deux livres l'un sur l'autre, comme s'ils faisaient l'amour, comme dans l'œuvre intitulée *Amour platonique*, cela me vient d'un souvenir d'enfance : à l'école, je suis tombé amoureux d'une fille qui

n'était intéressée que par les livres – donc nous échangions des livres, d'où l'idée de ce travail. Chaque chose peut être un substitut pour une émotion. Tout pourrait être autre, ma vie pourrait n'être qu'imaginaire, comme une escapade de la réalité. Je ne suis heureux que quand ma vie est un rêve, avec bien sûr un résultat positif pour moi-même.

L'humour est important, j'espère ne pas trop le perdre en vieillissant. Il peut être polyvalent, minimal, un cheval de Troyes, un faux absolu, une blague truculente. Une blague fidèle à ce que je suis, à ma nature double. Ça peut être un film sur un livre-chien qui part en promenade ou un seul mot filmé comme dans la vidéo *Imago* – où il ne se passe rien.

LG Et la tour Kafka ? L'œuvre, faite de poutrelles de bois, a la forme d'une construction asymétrique un peu comme la maquette d'un édifice imaginaire ; sur chaque poutrelle est collée une phrase extraite d'un livre de Kafka.

PW Cette œuvre s'appelle *Fragment littéraire ou Hommage à Kafka*. Chaque poutrelle de bois est recouverte d'une phrase venant d'un livre de Kafka. Cet écrivain représente pour moi une quête humaine perpétuelle qui s'achève toujours par un échec.

Sur le point de trouver le château, K. rencontre un virage, un piège, il n'arrive jamais. Il signifie une tragédie humaine sans fin. Cette pièce *Fragment littéraire* est une sorte d'esquisse ou un fragment d'une idée – une idée pour une histoire étrange probablement – un hommage à Kafka.

LG Tu aimes utiliser différents moyens d'expressions comme la photographie, le film ou l'installation monumentale. Comment opères-tu ton choix ?

PW Mon intention est de toujours trouver le moyen le plus adapté à l'œuvre. Par exemple, le moyen le plus simple de montrer un livre qui « vole », c'est la photographie.

LG Et ton utilisation fréquente de marque-pages, comme pour souligner le passage du temps lorsqu'on lit un livre ?

PW Les marque-pages font justement ça. Ils indiquent le passé, le présent et le futur, un peu comme dans la fameuse peinture de Gauguin, *D'où venons-nous ? Que sommes-nous ? Où allons-nous ?* J'aime ces métaphores, elles ont du sens pour moi.

LG Tu collectionnes les livres depuis longtemps. Es-tu un collectionneur obsessionnel et quels livres gardes-tu ?

PW Je suis certainement un collectionneur de livres obsessionnel ! Je les choisis pour leur qualité physique et visuelle d'abord puis pour leur contenu. Les livres sont des images du monde, avec ce qu'il s'y passe de bien et de mal. J'ai une collection d'une édition spéciale des années 1950 par exemple, où chaque livre a le même titre en anglais sur la couverture : « Thus is the World » (Ainsi est le monde). C'est un titre merveilleux et qui en même temps n'a aucun sens ! La plupart de mes livres sont plutôt mauvais ou peu connus. Peu sont de la grande littérature : en fait, ils sont un miroir du monde, et nous ne sommes pas tous des génies.

Dans un RER ou un métro rempli disons de 100 personnes, seules une ou deux personnes liraient *Ulysse* de James Joyce. En règle générale, plus le tirage est grand, plus le livre est mauvais. Les livres sont les miroirs de l'humanité. Il sont pour moi comme des fantômes, des anges ou des oiseaux – le cycle de la vie continue et s'achève de nouveau.

Interview de l'artiste par Laure Genillard, 9 juin 2006

Conversation in the kitchen

Laure Genillard You were asked the other day to talk to children in a school about your work. You were terrified. Why?

Peter Wüthrich I consider that it is not my job to address an audience, especially a class full of children who have not seen my exhibition. Generally I dislike talking about my work to people who have not seen what I do. I consider that it is the responsibility of the school professor or the curator or the institution to do this work.

LG You also said that you disliked school, as a child.

PW Yes, that's true. I hated always having to go to school, it was a daily constraint.

LG But you like books and you loved reading.

PW That's true but not "going to school", that's different. Every morning, the same little routine . . .

LG Then you stayed true to yourself by not going to an art school, but you did go to a training college to learn about graphic design.

PW Yes I spent time at the Kunstgewerbeschule in Bern, a kind of Arts and Crafts College, where I studied graphic design.

LG Then you followed an apprenticeship with a top Swiss graphic designer, who was very demanding. You learned a lot about that experience.

PW Yes. It was with Kurt Wirth during 1980–1984. He was good at asking us to find the shortest possible denominator to express an idea without reverting to shortcuts. For example, when I learned about classical typography, I had to redesign all the letters of the "Didot" alphabet by free hand – without a ruler. He taught me a lot of useful trade tips in all disciplines.

LG So in a way you were working with books already, but not making art with books, that came later. How did the transition occur, how did you make the dive into cold water? I suppose designing pages as a salaried person for a good Swiss company appeared much safer than deciding to become an artist. Many artists remain impoverished the rest of their lives.

PW I don't know exactly how it happened. I felt the need for this change and I went for it. I had the luck to have a generous wife who helped me throughout. She still is a total and full input into what I do.

LG Here again, Sandra designed the catalogue for the Foundation like she did before with the Santiago de Compostela museum catalogue in Spain, or that for La Chaufferie's exhibition in Strasbourg or the Kunstverein catalogue in Freiburg. You both come from the same background, graphic design, and you are both working with books intensely. She, sitting at a PC desk in a busy office and you alone in your studio listening to music, sitting, dreaming. I suppose one does what one knows best.

PW I think it's more like thinking than dreaming. I'm not sitting on a chair on my bump all day long looking at the sky. But I like looking at the sky or listening to a record or reading a book, there are a lot of things I like in life. My life now here in Switzerland is perhaps in safe and pretty Bern but I like reading and thinking about other people's experiences elsewhere – for example, like the life of those powerful and beautiful girls on this photograph.

(Image of a Colombian newspaper clip on the wall, of a street gang of young women, marching down the street, armoured with big guns, jeans, leather jackets, looking confident.)

LG Sure they look great. They have dark shiny skins, sexy clothes, jeans and boots, I'd say they have an English rocker's look. And with big guns, how can you not be attractive!

PW Perhaps the charm comes from the mix between a brutal reality and at the same time the seeming beauty of it . . .

LG Maybe the Swiss, who live in a country one cannot help thinking when visiting from the outside, looks like a little heaven, have a need for identification towards some hard nose Western or guerrilla style look. You quite like the style, don't you?

PW Of course, I love these girls or guys with leather jackets and big motorbikes, it is my other half. The opposite of my "rigorous" self. No patience. Take the gun and clean the gangsters out. My favorite movie is *Reservoir Dogs* by Tarantino. You see, my horoscope sign is the Virgin and my ascendant is the Sagittarius and like a "virgin" housewife, if I had to clean the kitchen, I would throw everything in the dustbin. Now it is clean!

LG Do you see the spirit of your art falling at times in line with some Swiss artists like Roman Signer or Christoph Rütiman? I'm thinking of their use of humour, minimalism and conceptual detachment.

PW I'm not interested in the question of Swiss art, but I like very much the work of both artists.

LG What are you reading at the moment?

PW *America* by TC Boyle, which is a kind of reality story in the context of California today, about the modern world.

LG Do you know the Sartre book, *Les Mots*, which the then curator of La Chaufferie, Jean-Pierre Greff conspicuously refers to when writing about your work?

PW Yes, I found this book by luck when I was unwrapping the black books as they came back from Strasbourg. I read the sentences about the books becoming black birds and found them perhaps too close to my art. But there are other important sentences, as in Victor Hugo, (whom I like very much) which describe, in *The Hunchback of Notre-Dame*, as the greatest event in human history, how the art of printing replaced architecture: "The book was to kill the building (. . .) In its printed form, thought is more imperishable than ever; it is volatile, elusive, and indestructible. It mingles with the air. In the days of architecture, thought had turned into a mountain and taken a powerful hold of a century and of a place. Now it turned into a flock of birds scattered on the four winds, occupying every point of air and space simultaneously". I have read some Sartre but got more into Simone de Beauvoir. Sartre was somehow a little boring, a little heavy, I did not get fully into it.

It was not only Sartre – as I just mentioned – there are quite a few writers who suggest various links between books and birds.

(I did notice when I flipped through the book that the numerous penciled lines stopped one quarter through the book, on the paragraph where books became birds.)

LG Sartre is relevant certainly. I see it as a beautiful coincidence, a stimulating parallel. You use books as bricks to construct a sculpture like Sartre uses words to make a book.

You recently attempted to make a film in Milan in the framework of an exhibition entitled *Angels of Cimiano*. You presented a series of photographs, for the moment, as the film has not quite worked out yet. Can you tell me more about this experience?

PW I was invited by Elena Quarestani/Assab one, to do a work there. I went to Cimiano, a particularly scruffy suburb of Milano, which some said could be dangerous but I did not find it so. I like these types of suburbs because I find that the people there are often more fresh; there is more energy and spontaneity in the air, something I'm looking at. So I asked people walking in the streets whether they wanted "to be an angel" for me for a small period of time, like an hour and whether they minded being photographed and filmed. I gave them a book, which they attached on their backs like a backpack. I went there at sunset with my assistant, it was the end of a beautiful day. We did not feel threatened in any way. On the contrary, the youth was engaging, happy to act in their newfound role in a fresh and good way. We ran into this kid, for example, who looked pretty rough, with tattoos written on his hand knuckles spelling the word "hate". He played his role of angel perfectly, to the point of being transformed, "exorcised" you could say.

LG What happened to the photos?

PW They became part of the exhibition in "Assab one", as well as an artist book and posters for the city, posted in separate parts of town, announcing the exhibition, like a public art project.

LG So you transformed inner city youth into sweet little angels?

PW Yes, but not only into "sweet" ones . . .

LG Did you ask them to behave in a certain way?

PW No, I asked them to do whatever they wanted with their newfound wings. They acted very spontaneously which is something I wanted.

LG I've always enjoyed the humour in your work and see a lot of it. What is your understanding of the use of humour in your installations?

PW Humour for me is the other face of tragedy, the other side of the coin. Artists are often associated with cynicism, which sometimes people wrongly interpret as a type of ironic humour. I think it is because artists are often sad people.
When I use two books as in a couple having sex together, like in the piece called *Platonic Love*, it came from a school time experience with a girl with whom I fell in love. Unfortunately she was only interested in books, a sort of platonic love – so we exchanged books and so came the idea. Everything can be a substitute for emotions. Everything could be something else, my life could be just imaginary, like an escape from reality. I'm only happy when my life is a dream, with a positive outcome for myself of course.
Humour is important, I hope I don't loose too much of it as I grow older. It can be polyvalent, minimal, a Trojan horse, a complete fake, a complete joke. A joke faithful to myself, faithful to my dual nature.
It can be in the form of a film about a book/dog going for a walk or simply the film of a single word, like in the video *Imago* – where absolutely nothing happens!

LG What about the Kafka building? The work looks like an imaginary unsymetrical construction made in thin wood as if a maquette for an imaginary building, each plank of wood having a cutout and pasted sentence from a Kafka book.

PW Yes, it is called *Literary Fragment or Homage to Kafka*. Each plank of wood holds a sentence from different Kafka books. For me this writer represents a perpetual human quest ending always in failure. K. was very close to finding the castle but there was a curve in the road, a catch, he never got there. He signifies a perpetual human tragedy.
This piece of work, *Literary Fragment*, could be a kind of sketch for an idea, for a strange story perhaps, a story with an unhappy ending (the building looks unsafe) – an homage to Kafka.

LG You enjoy using different mediums to express different thoughts like photography or film or large-scale installations. How does your choice operate?

PW My intention is to find always the most fitting medium for each different work. For example the best medium to show a "flying" book is photography.

LG What about your recurrent use of the bookmark, as if delineating the passage of time when reading a book?

PW Yes, the bookmark does just that. It marks the time past, the present and the future, like in the famous painting from Gauguin which goes something like: "Where do we come from, who are we, where are we going?" I like these metaphors, they make sense to me.

LG You have collected books for a very long time. Are you an obsessive collector and what books do you choose?

PW I'm certainly a crazy collector of books. I choose them for their visual quality, and their contents. Books are images of the world, where good and bad things happen. I have for example a collection of 1950s books that all have the same title on their cover, "Thus is the world"; what a wonderful and at the same time senseless title! Most of the books are very "bad" books or not well known books, few come from so-called "high literature". In fact they represent a mirror of the human world and we are not all geniuses. In a commuters train of let's say one hundred people per train, only one or two would read something like James Joyce's *Ulysses*. In general, the largest the editions'number the worst the book is. Books are mirrors of the people who live in the world. They are like ghosts to me, or angels, or birds – the cycle of life goes on and closes again.

Interview of the artist by Laure Genillard June 9, 2006

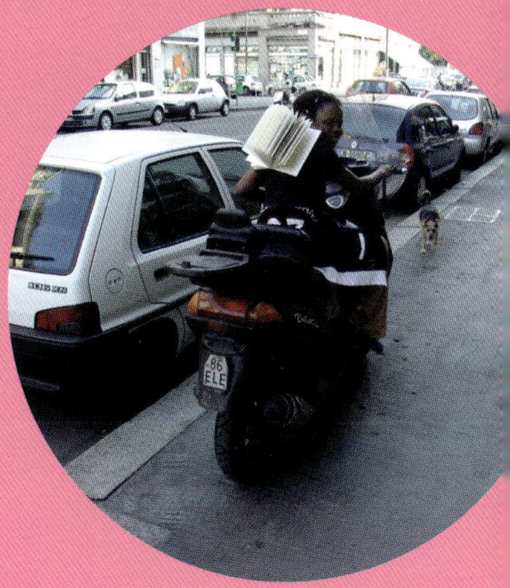

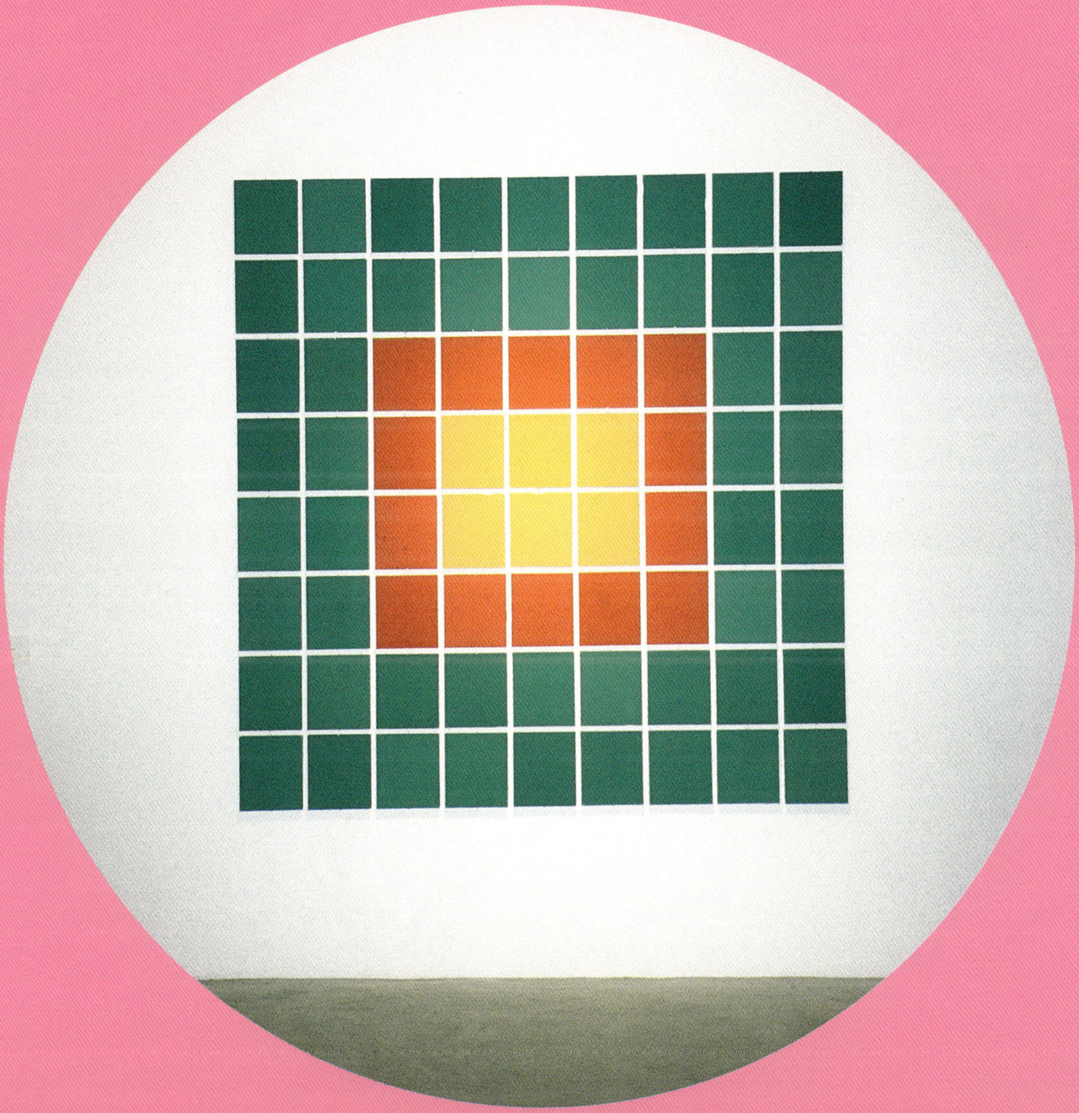

(lecture des légendes dans le sens horaire)

Collection Mondo, 2002, Vue d'installation ACE Gallery, New York
Angeli di Cimiano Milano, 2005, Photographie

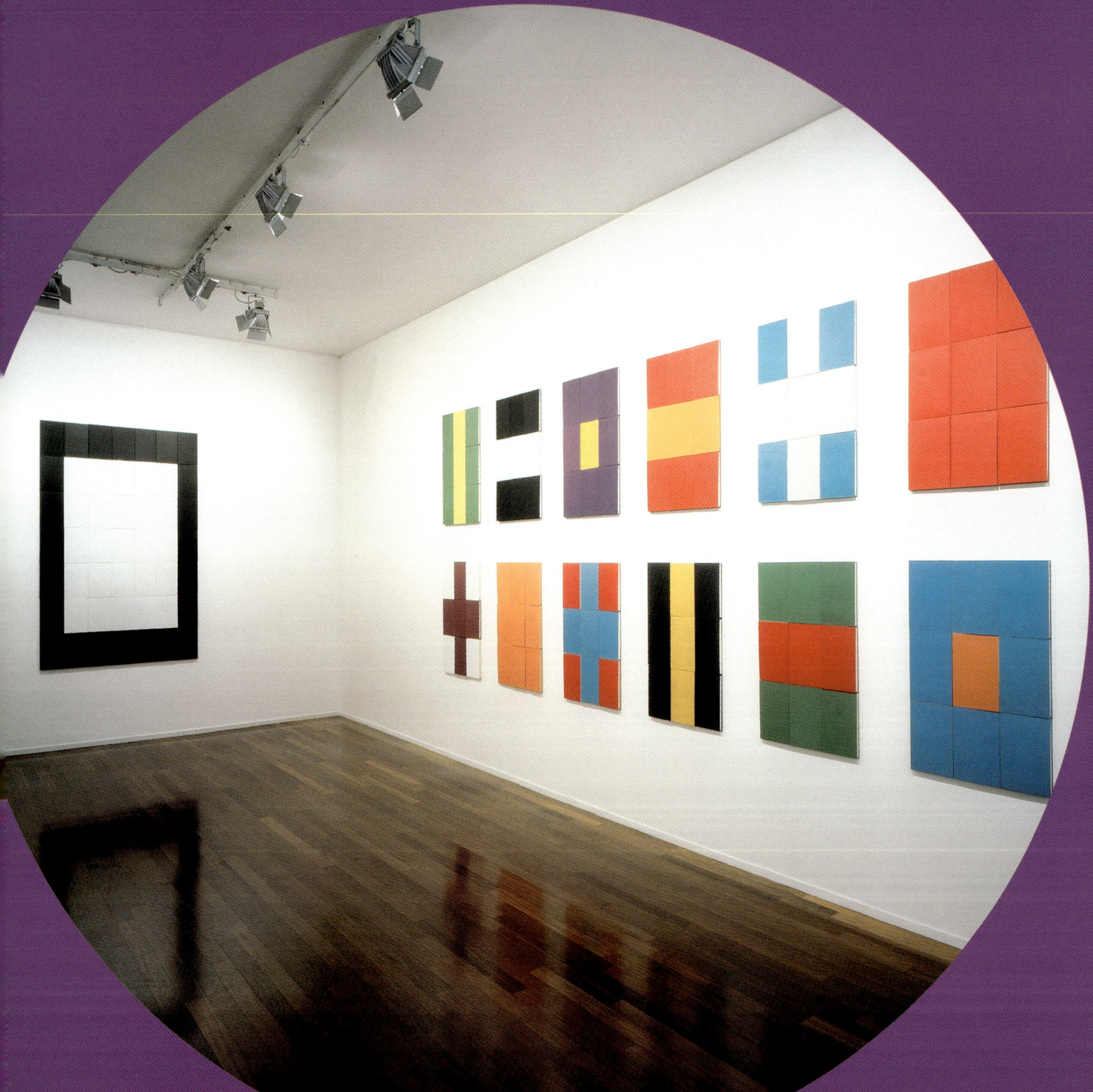

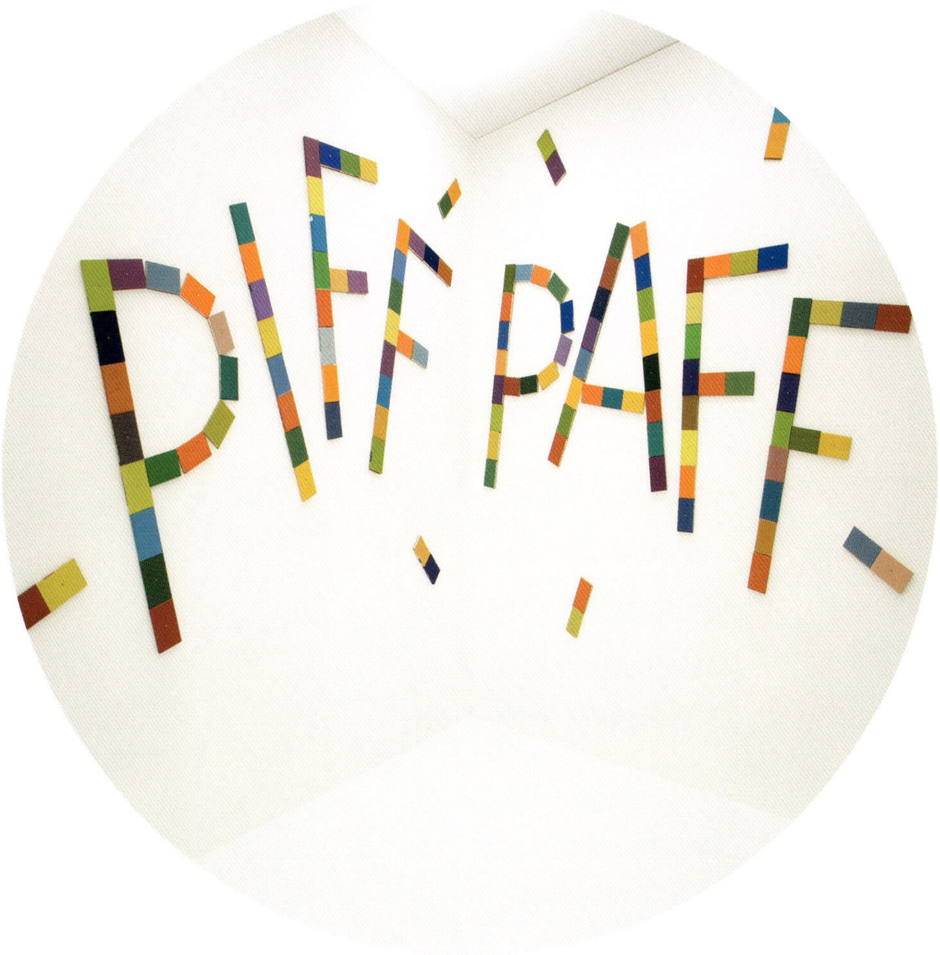

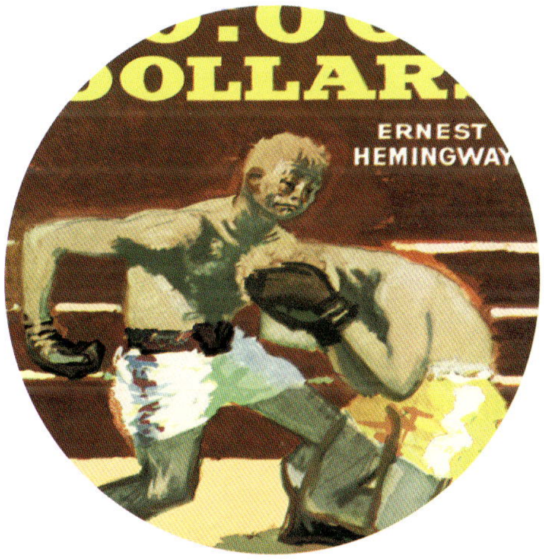

Collection Silva, 2004, Vue d'installation Galleria Fumagalli, Bergame
Piff Paff Puff ! 2005, Vue d'installation Chiesa Sant'Agostino, Bergame
O.T. oder 50'000 Dollars, 2004, Photographie

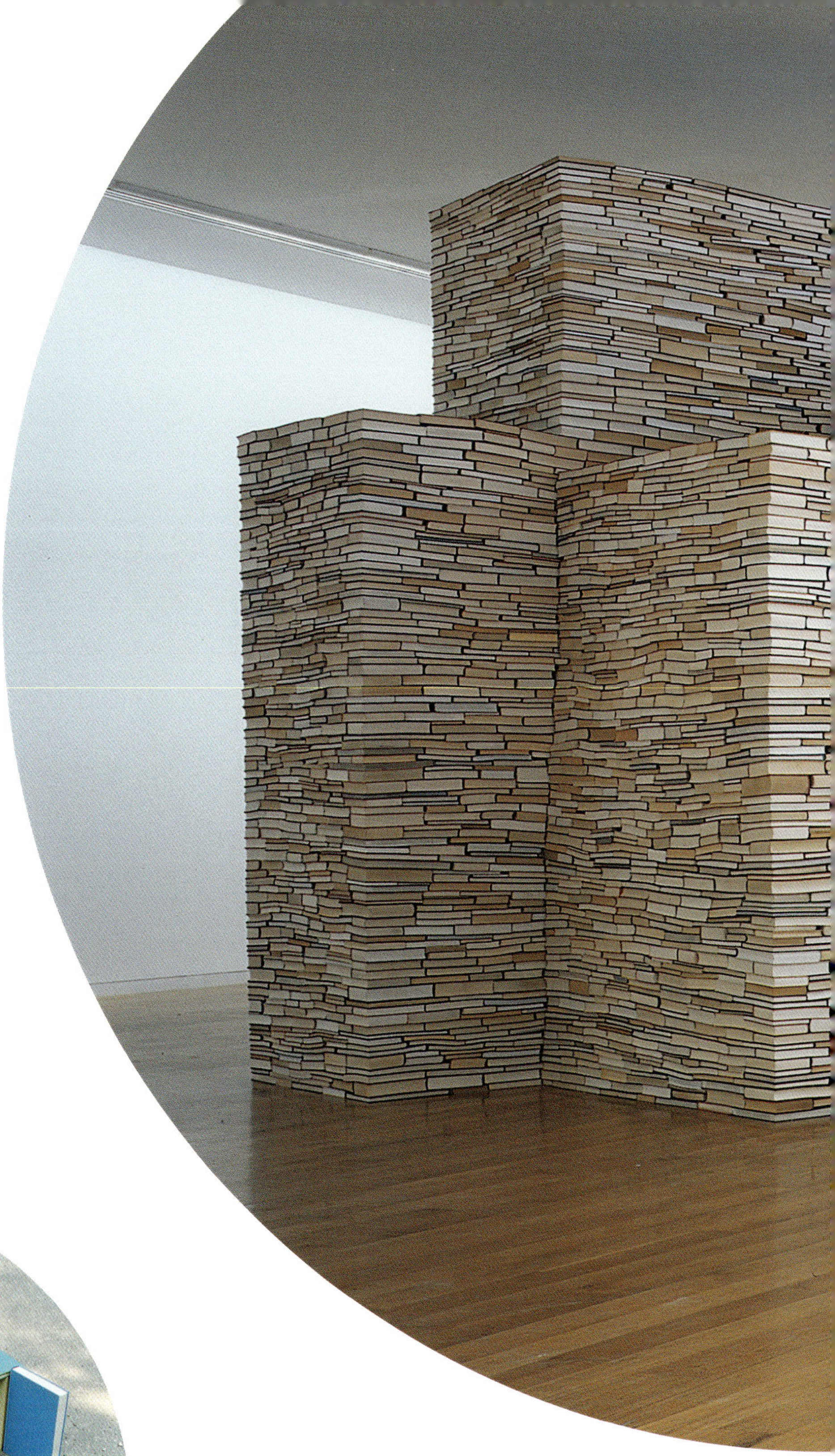

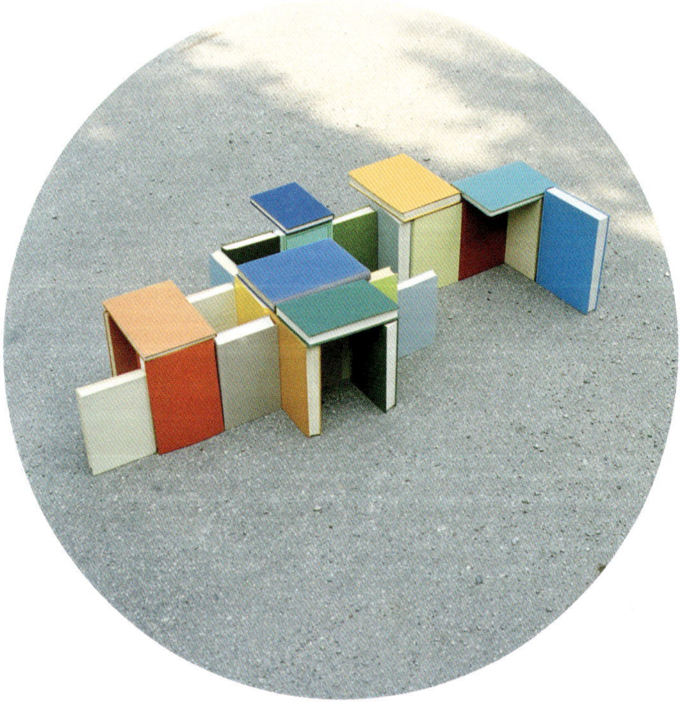

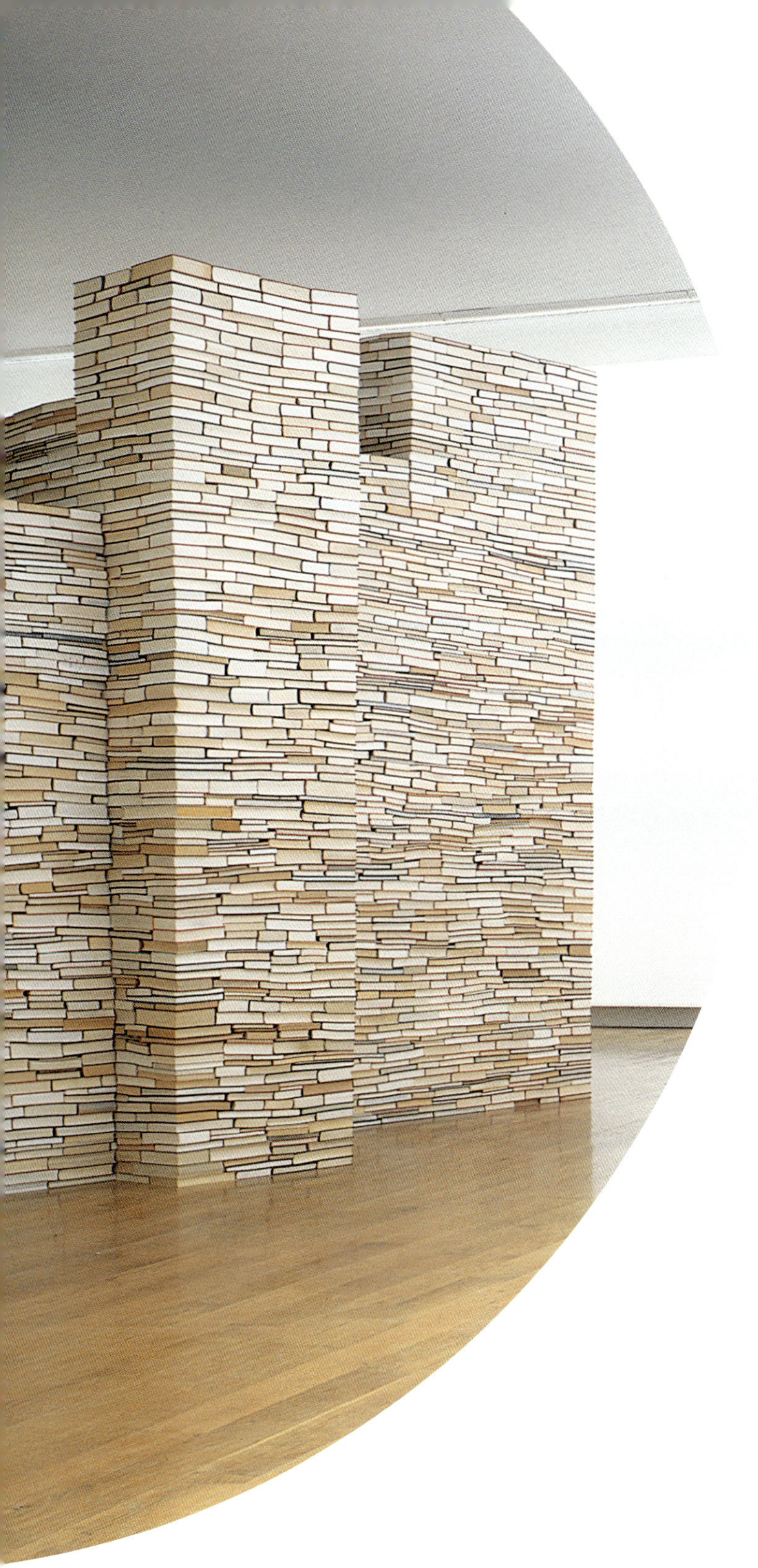

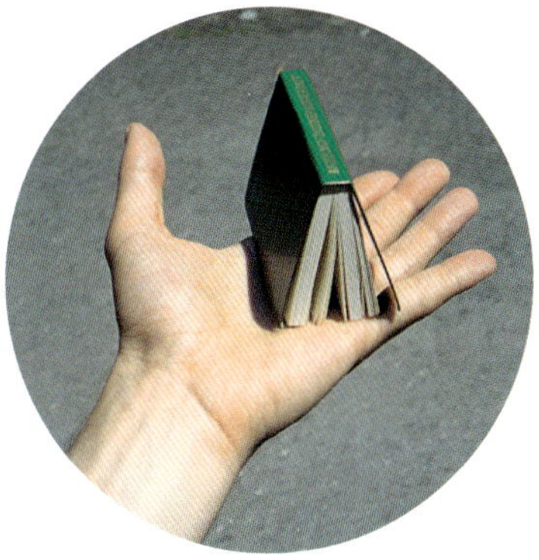

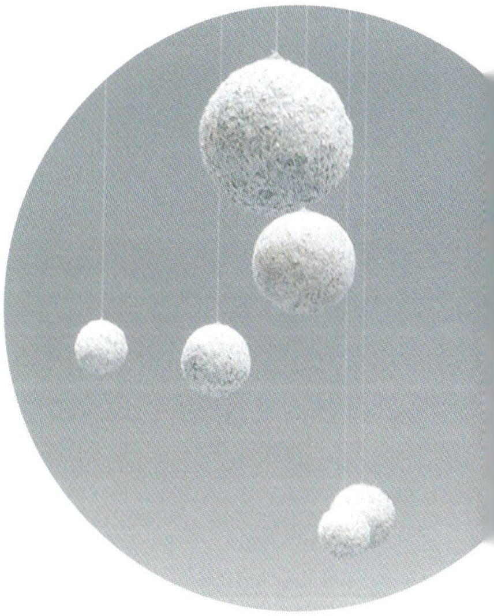

Modul, 2000, Photographie
Literarisches Modell, 2001, Vue d'installation CGAC, Saint-Jacques de Compostelle
Imago, 1993, Photographie
Planeten, 1999, Installation (détail)

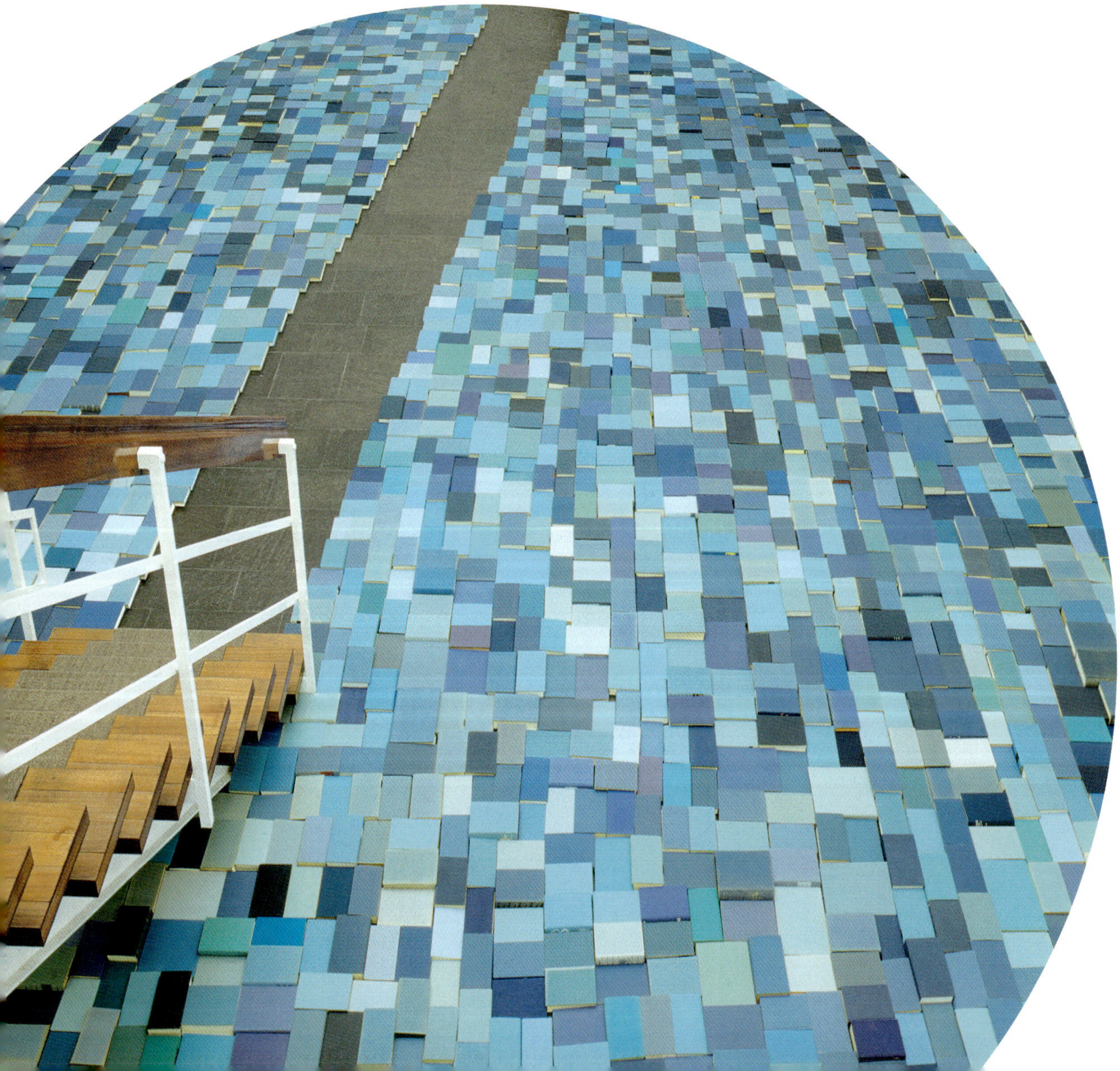

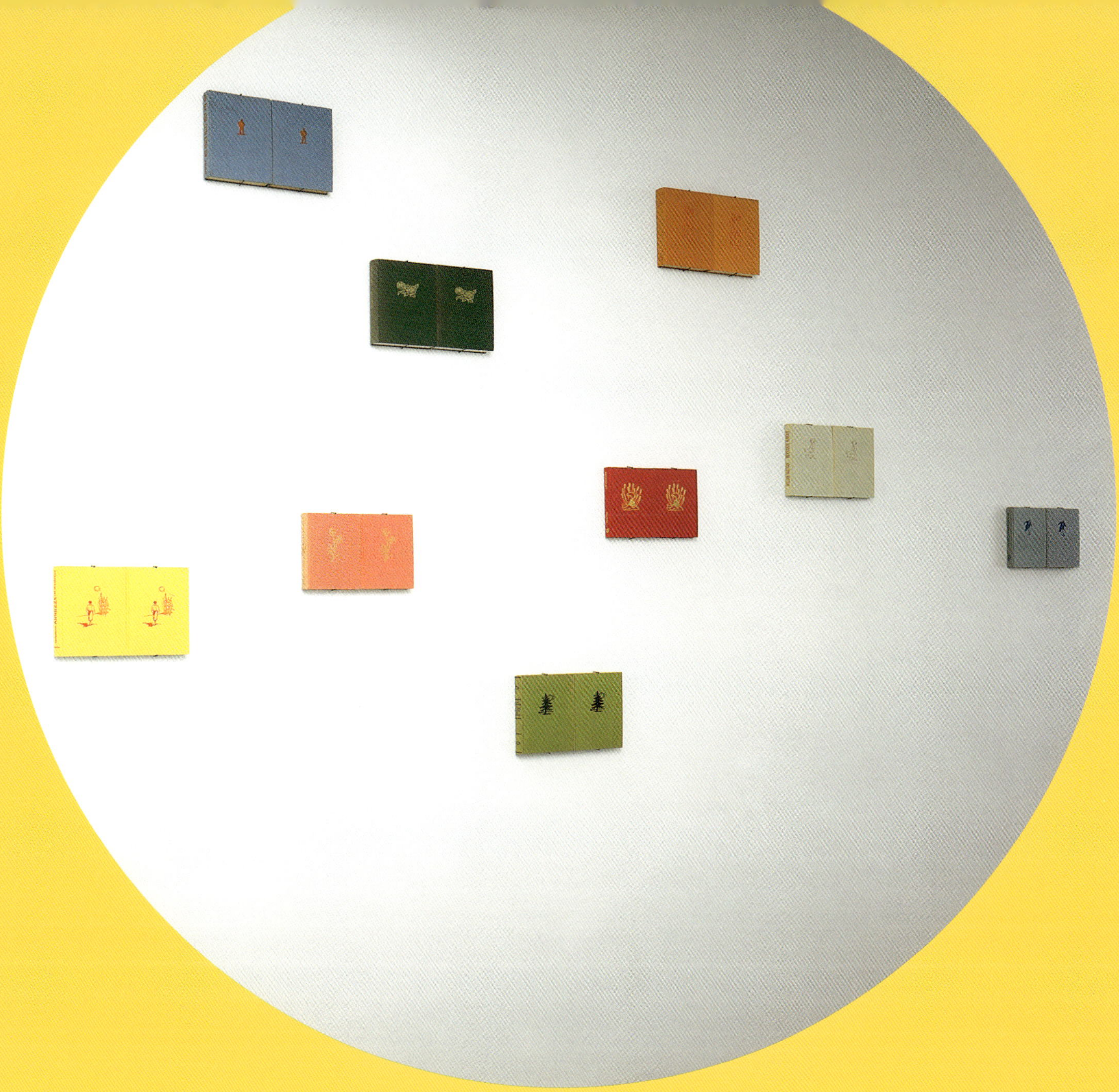

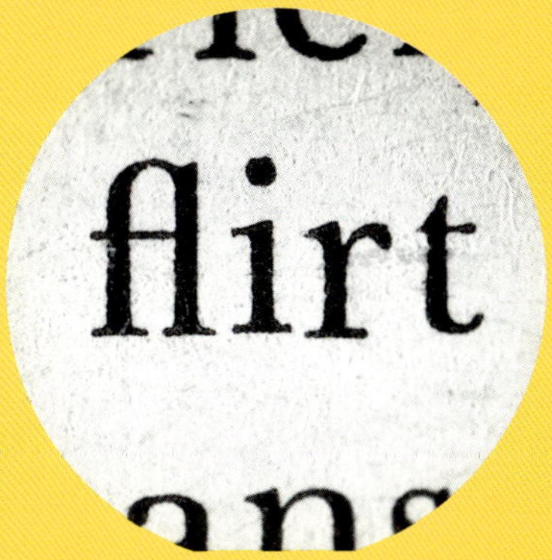

Schöne Aussichten, 2000, Vue d'installation Kunstverein Bremerhaven
Paare, 2000, Vue d'installation Laure Genillard Gallery, Londres
Verbum, 1999, Photographie

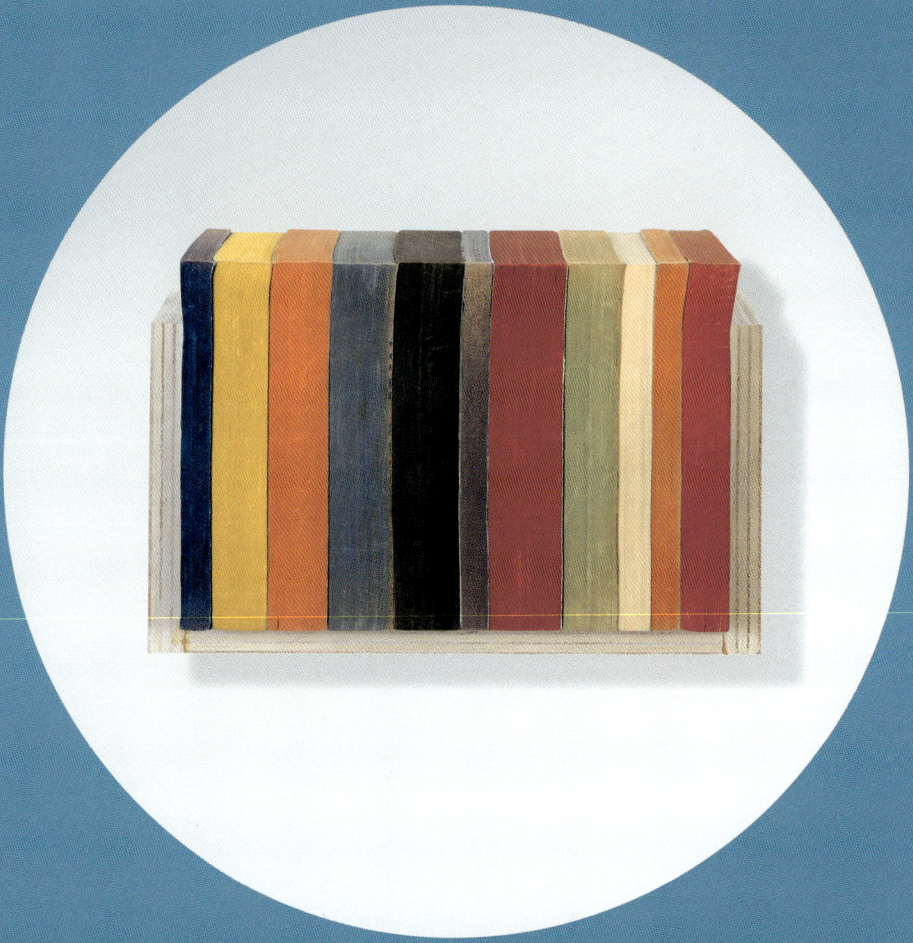

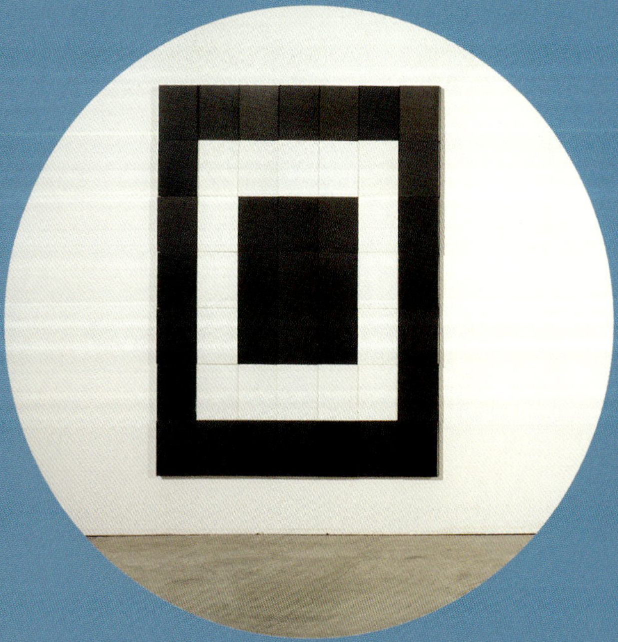

Collection Silva, 2004, Vue d'installation Galleria Fumagalli, Bergame
Tiegel, 1998, Sculpture murale
Angeli di Cimiano Milano, 2005, Photographie

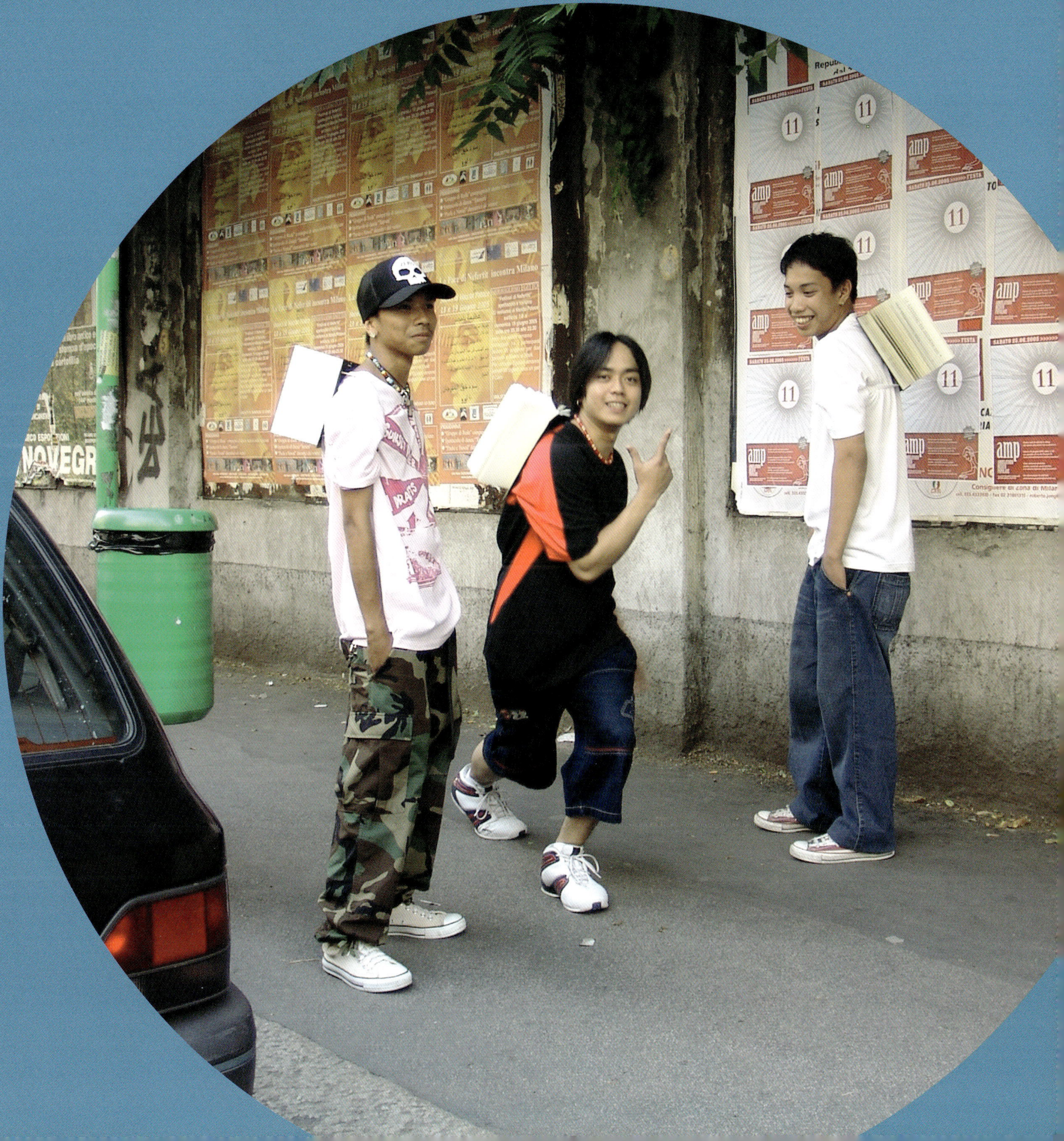

amp
11

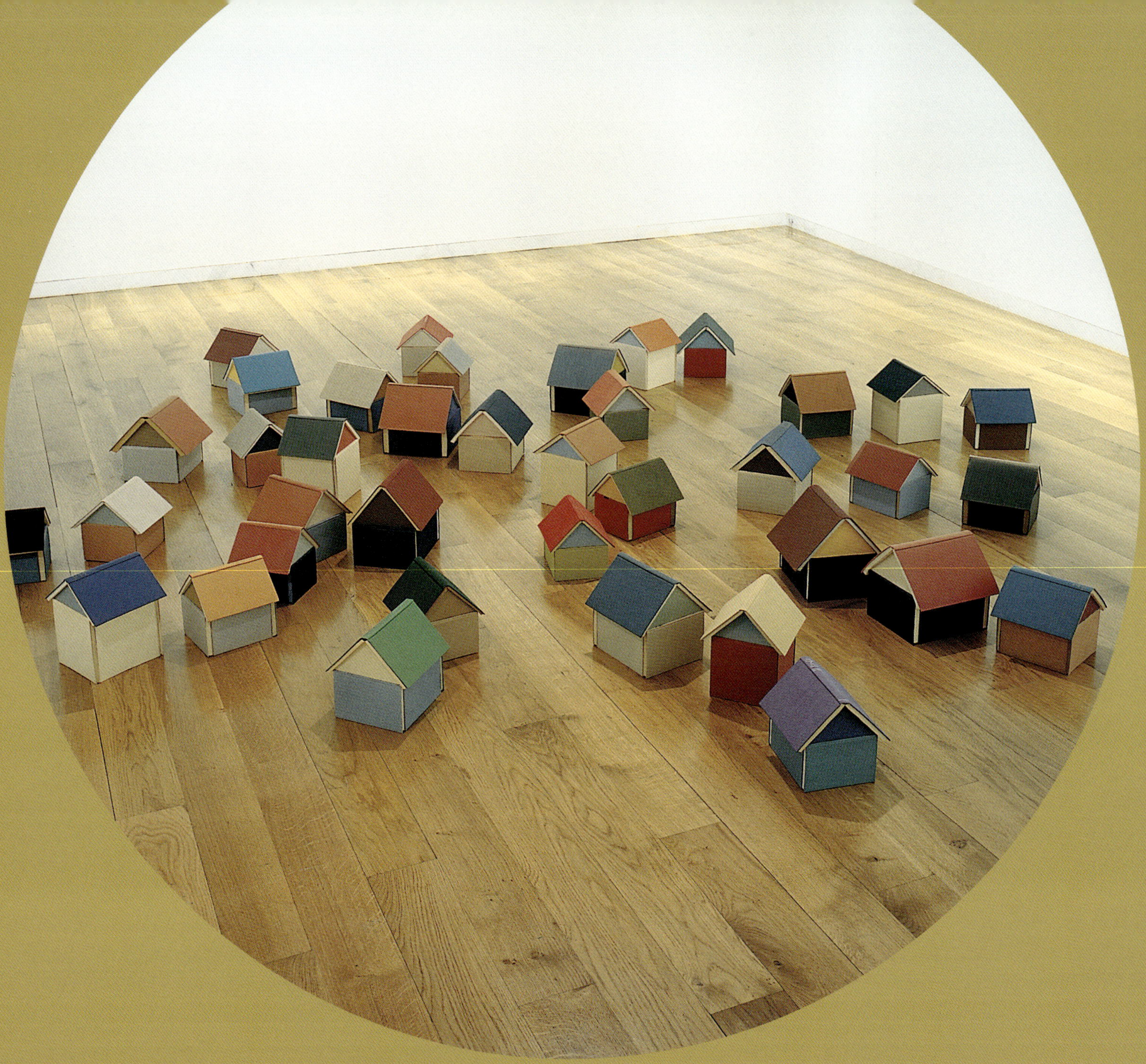

Literarisches Dorf, 2001, Vue d'installation CGAC, Saint-Jacques de Compostelle
Imago, 1994, Photographie
Es war einmal, 1996, Vue d'installation Kunsthalle Wil
Literarischer Himmel, 1999, Vue d'installation Kunstverein Freiburg

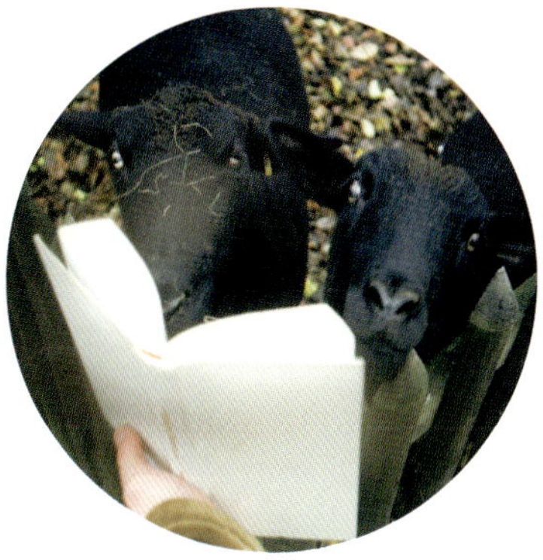

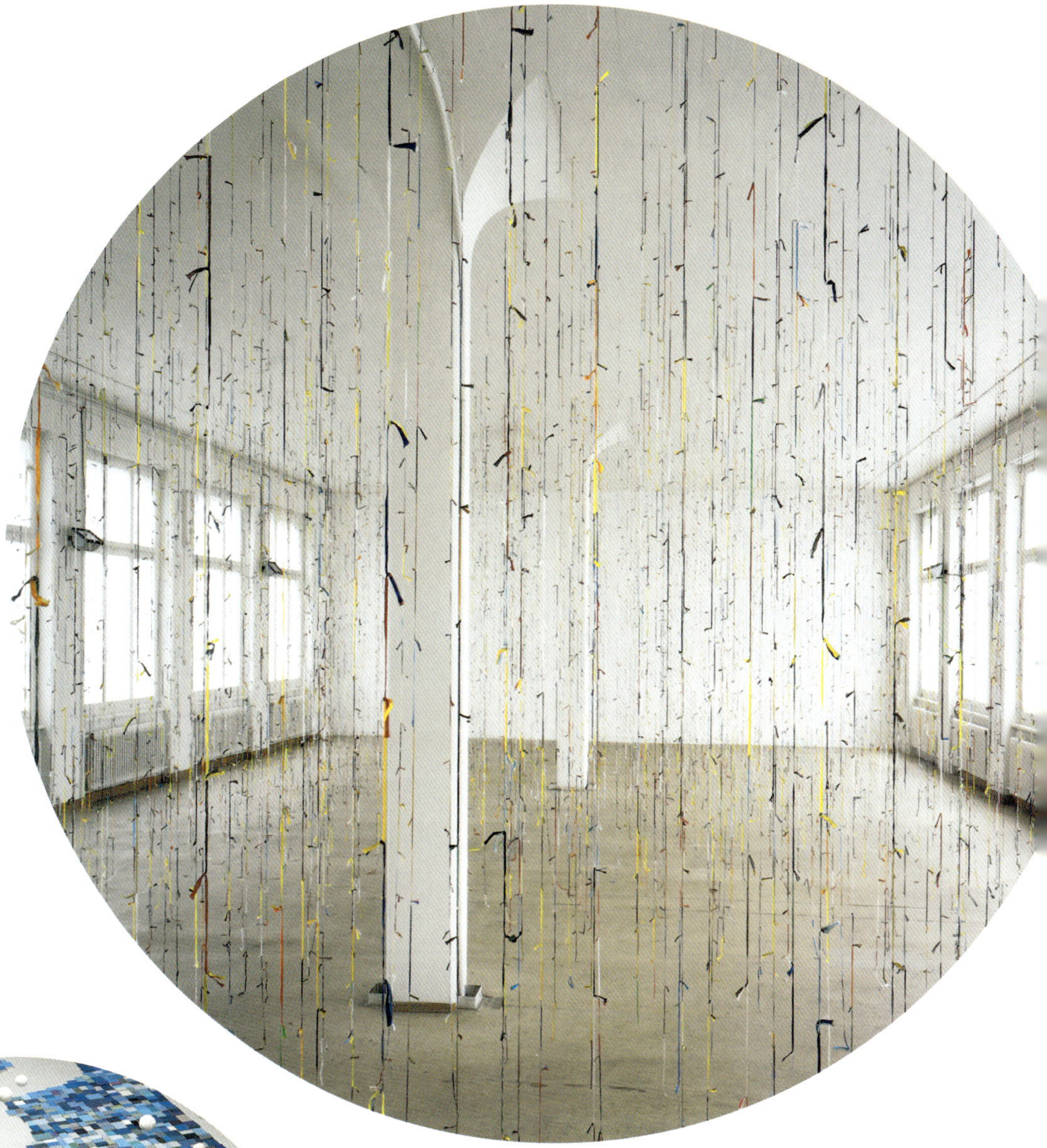

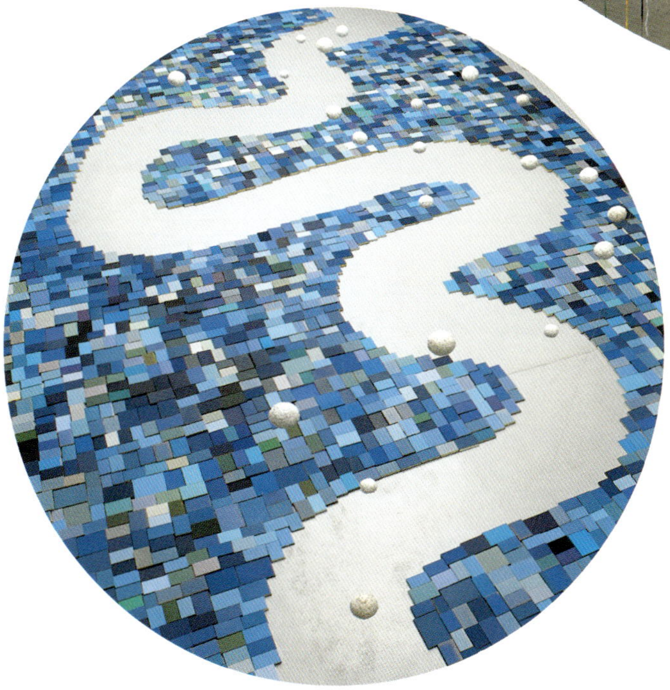

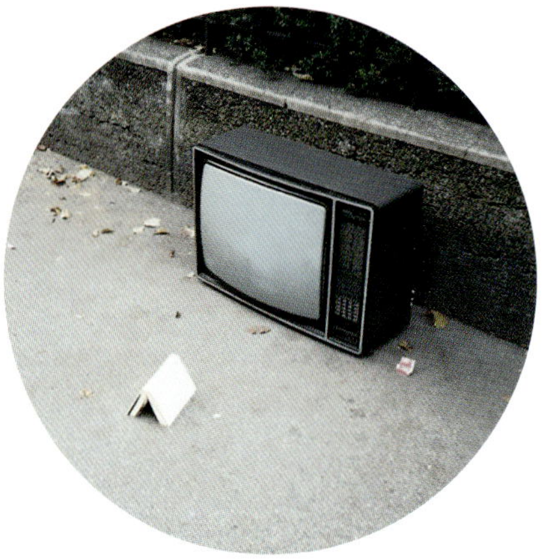

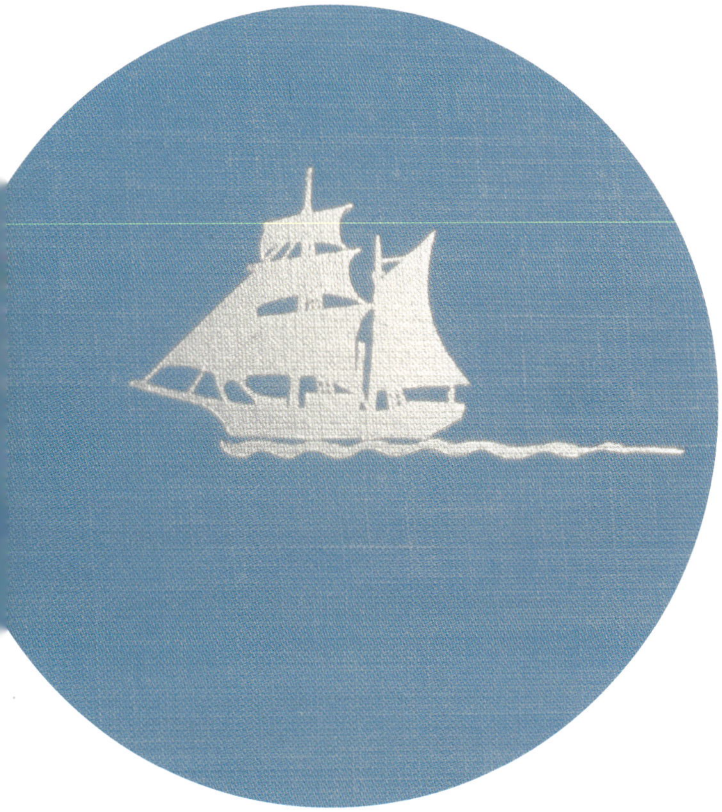

Faraway, die ferne Insel, 2000, Videostill
Imago, 1996, Photographie
Literarisches Aquarell, 1995, Vue d'installation Wilhelm Lehmbruck Museum, Duisburg

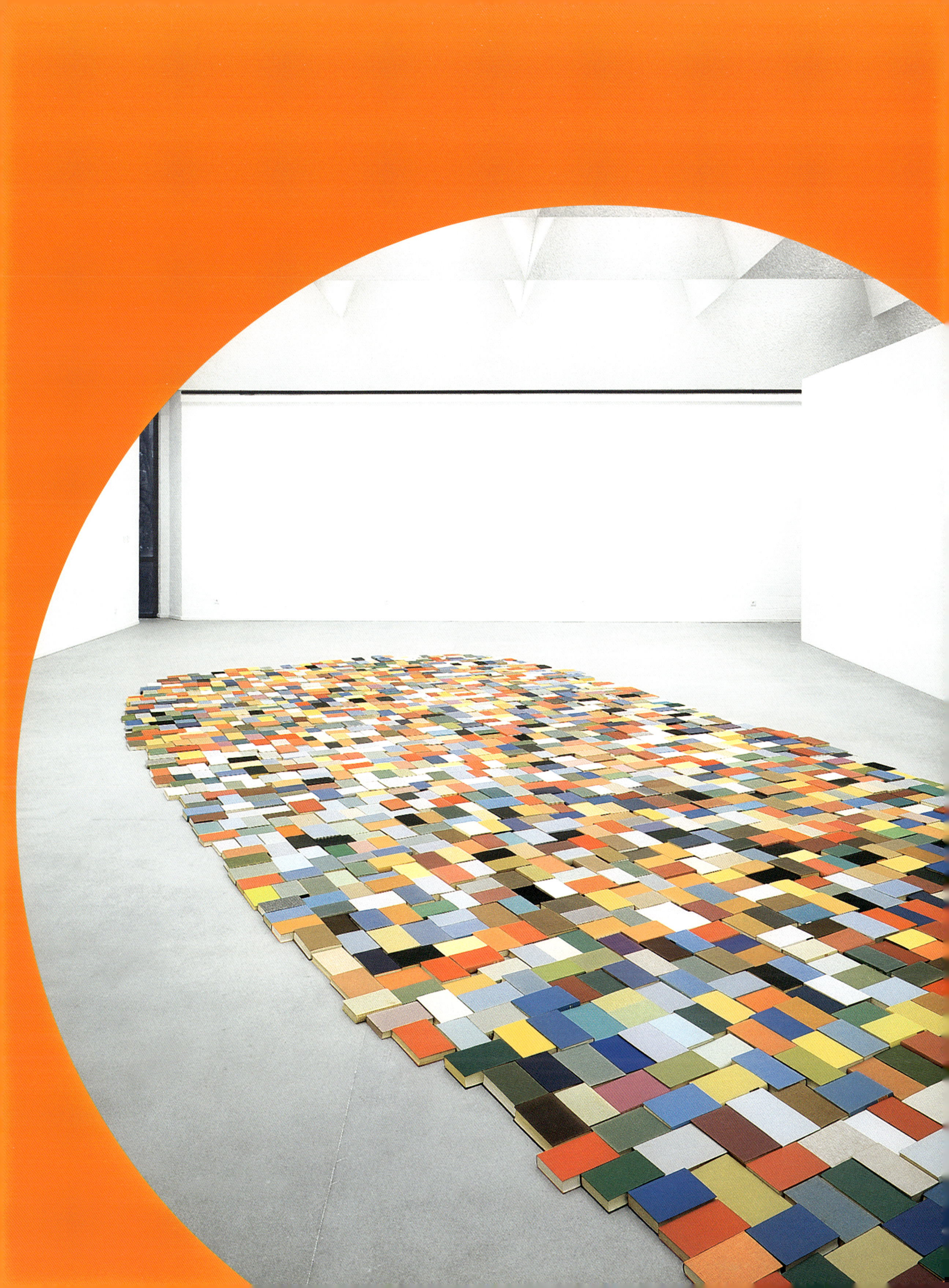

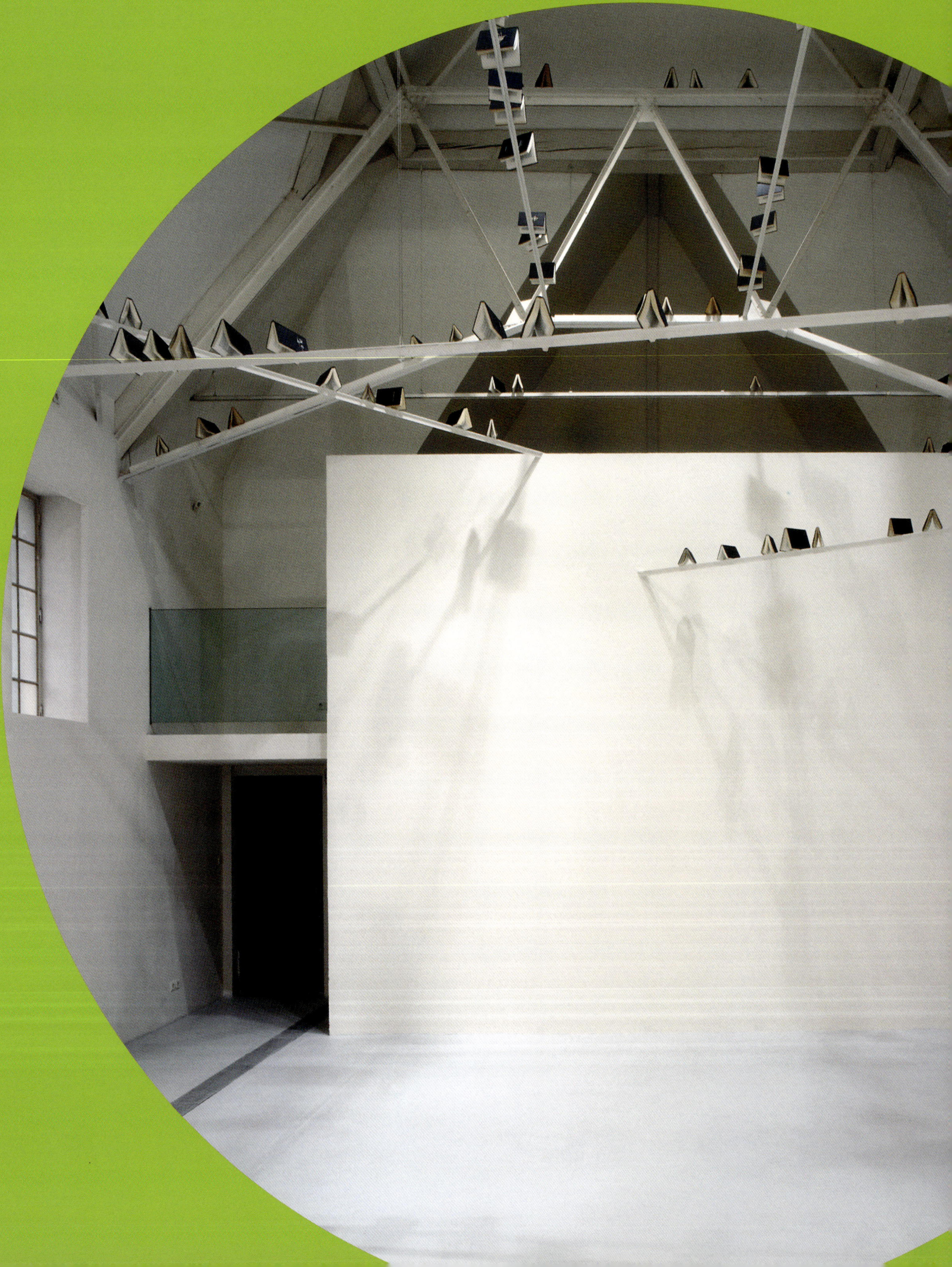

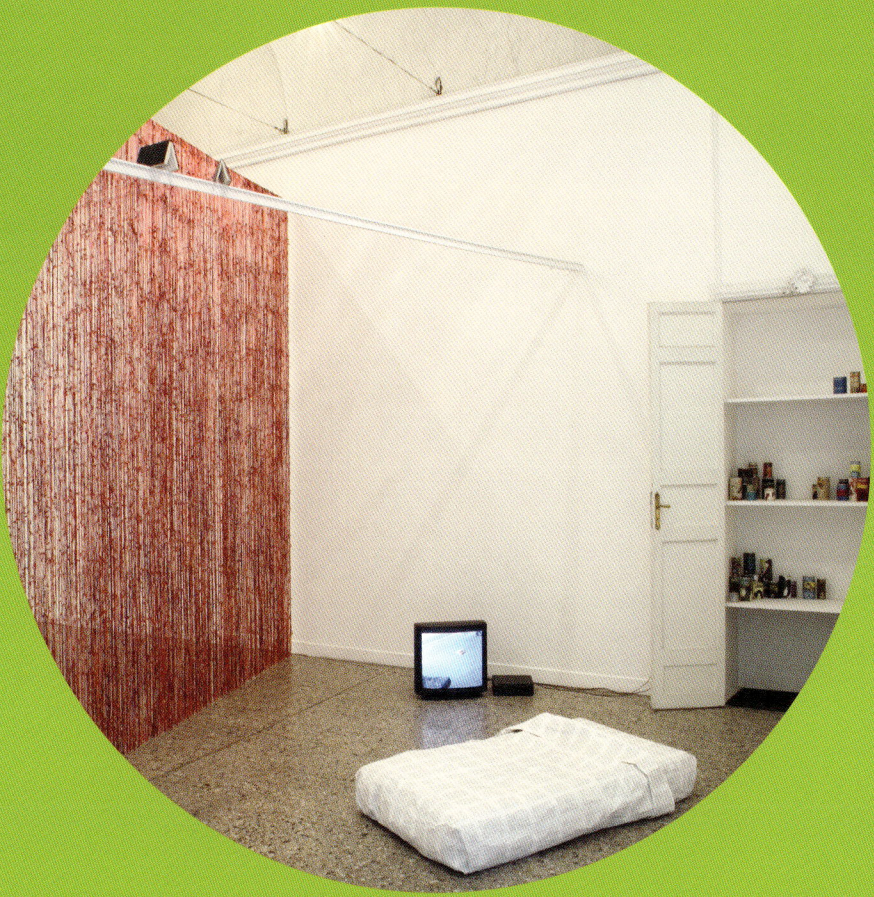

Mes amis, 2002, Vue d'installation La Chaufferie, Strasbourg
Humbert Humbert, 2004, Vue d'installation Galleria Christian Stein, Milan

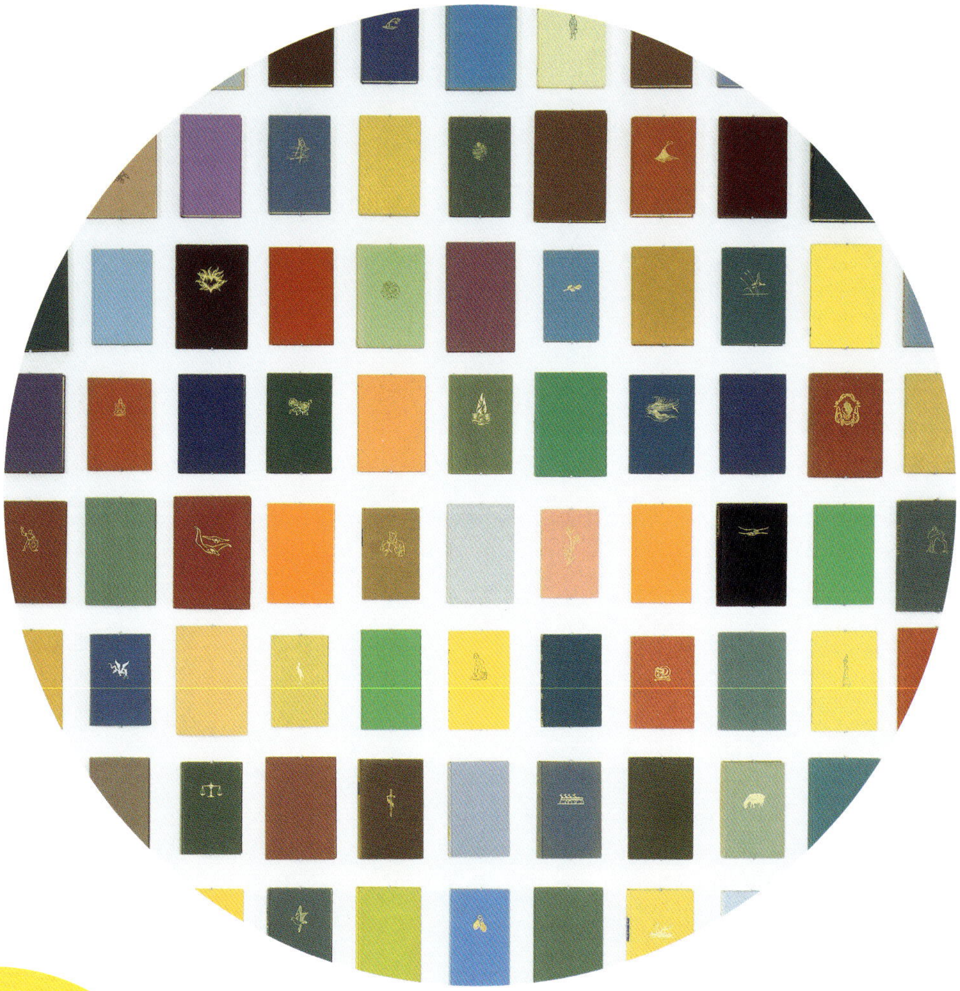

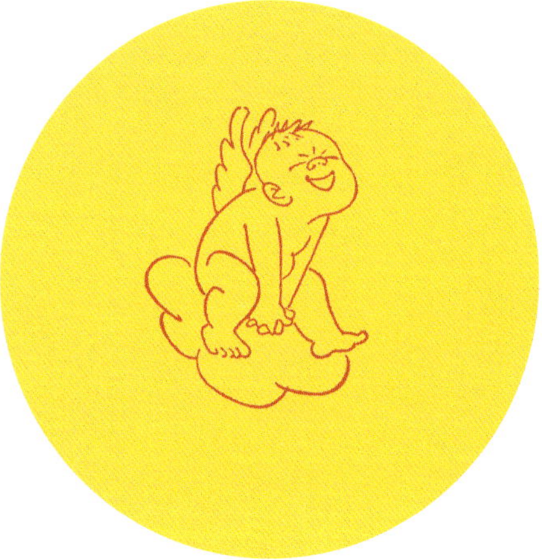

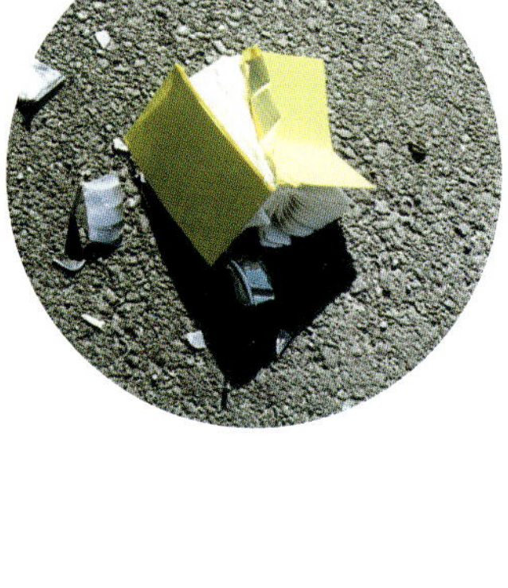

O.T. oder der Apfel fällt nicht weit vom Stamm, 2001, Photographie
Von der Kunst Sträusse zu binden, 2000, Installation (détail)
Literarischer Himmel, 2001, Vue d'installation CGAC, Saint-Jacques de Compostelle
Thriller, 2000, Photographie

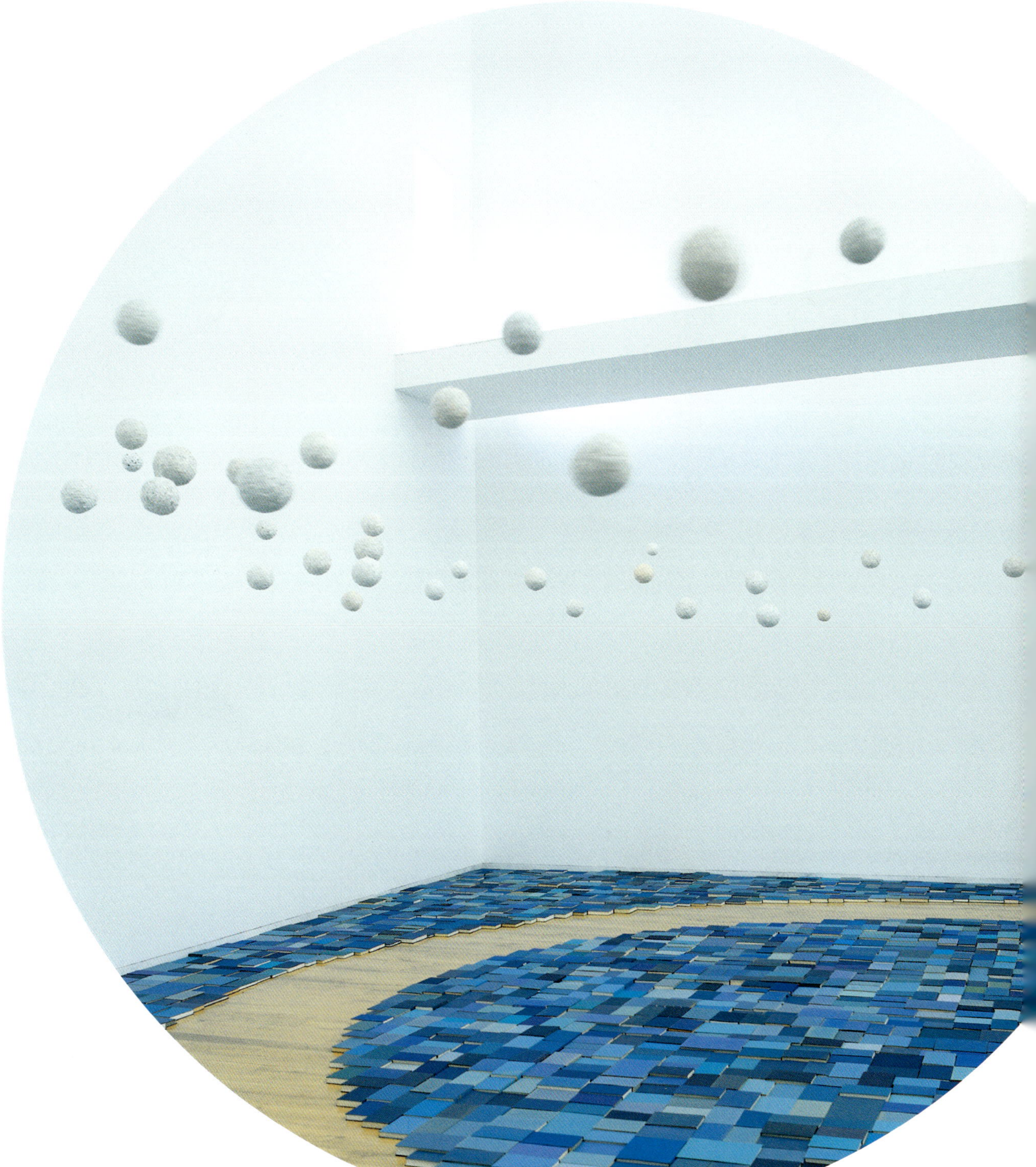

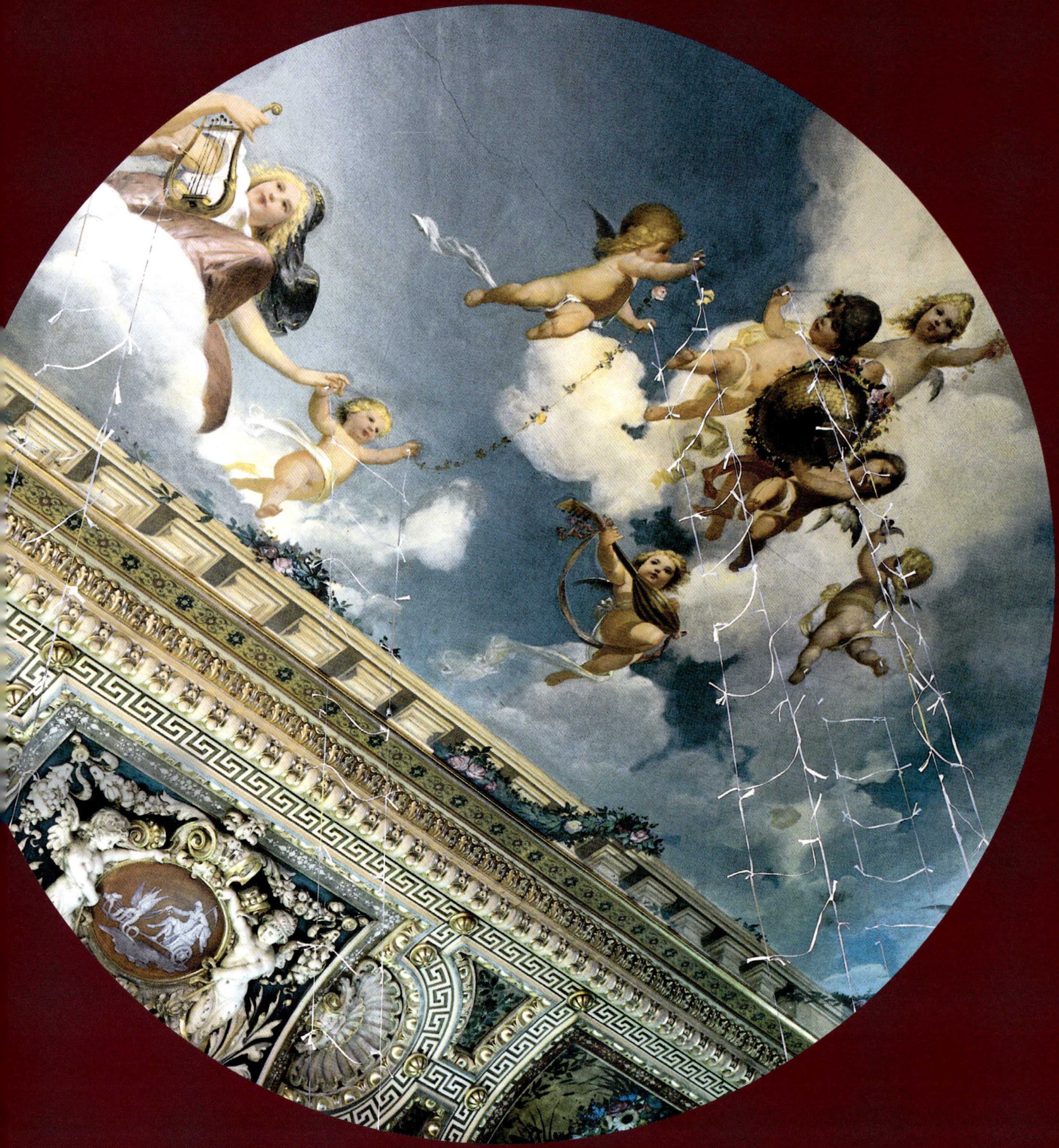

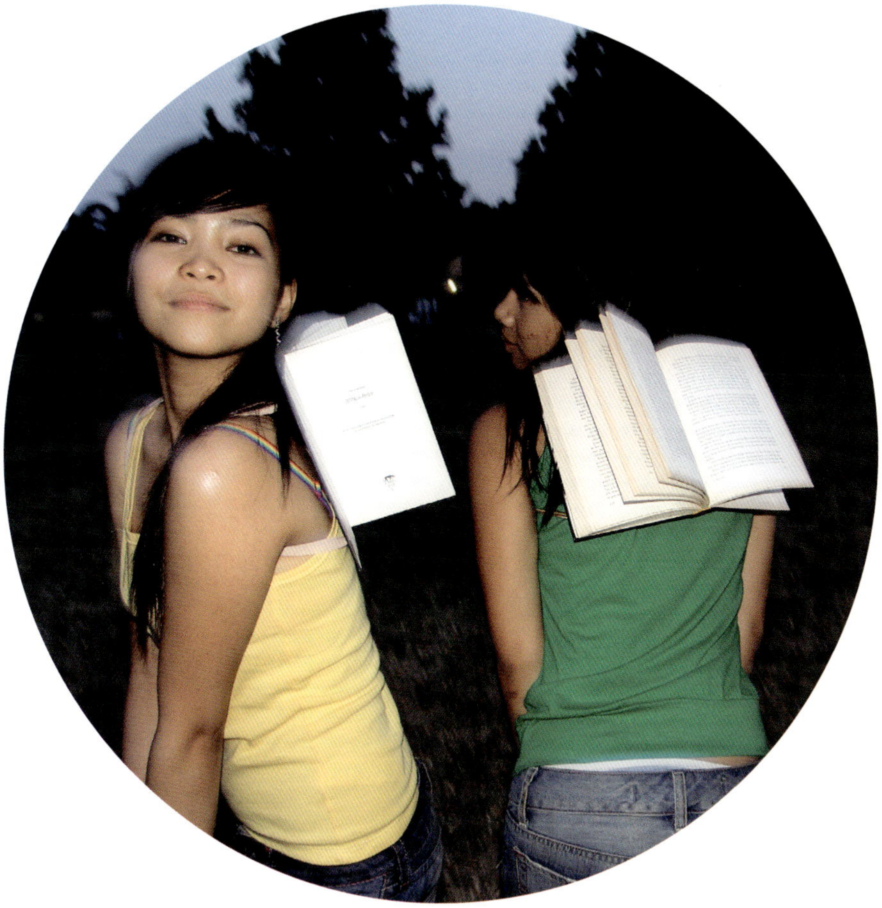

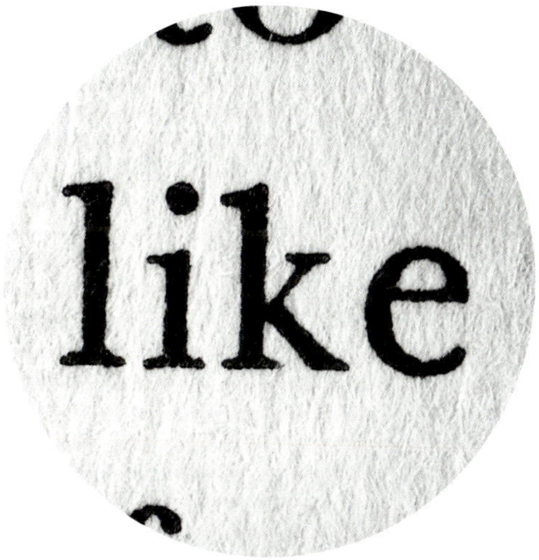

Wenn dich die bösen Buben locken, 1996, Vue d'installation Suermondt Ludwig Museum, Aix-la-Chapelle
Angeli di Cimiano Milano, 2005, Photographie
Verbum, 1999, Photographie

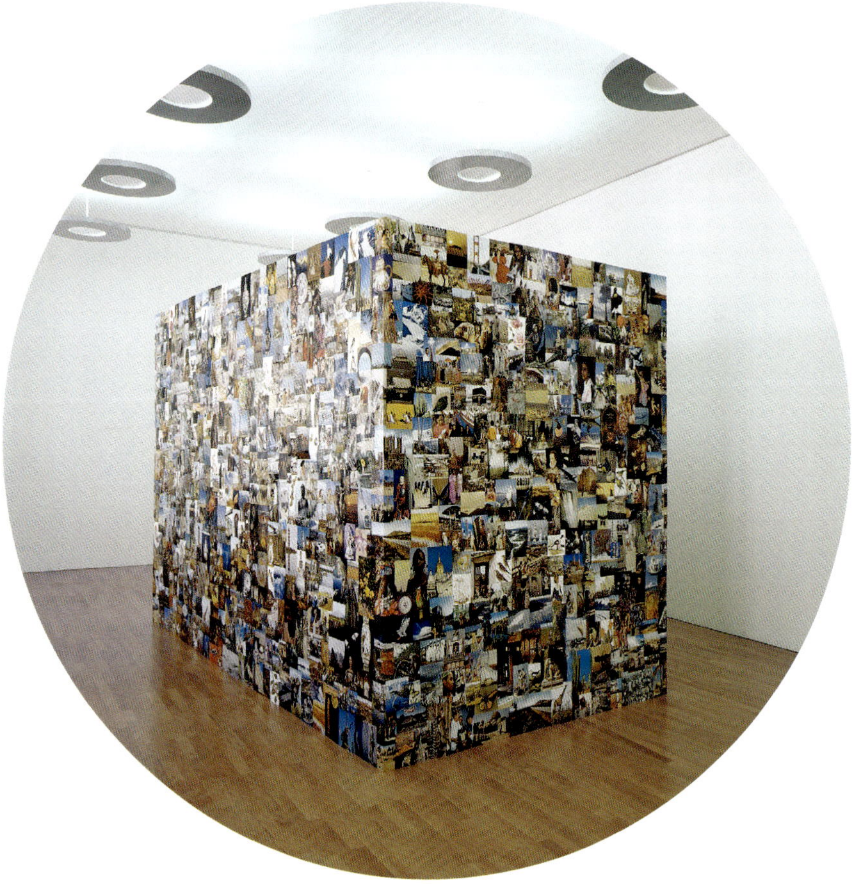

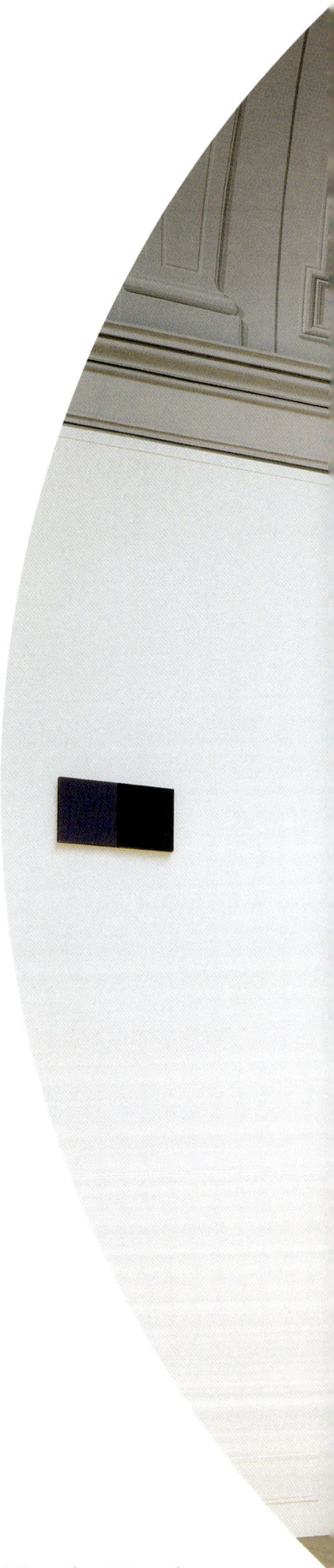

Silva's Welt, 2003, Vues d'installation Kunsthalle Winterthur, Winterthur

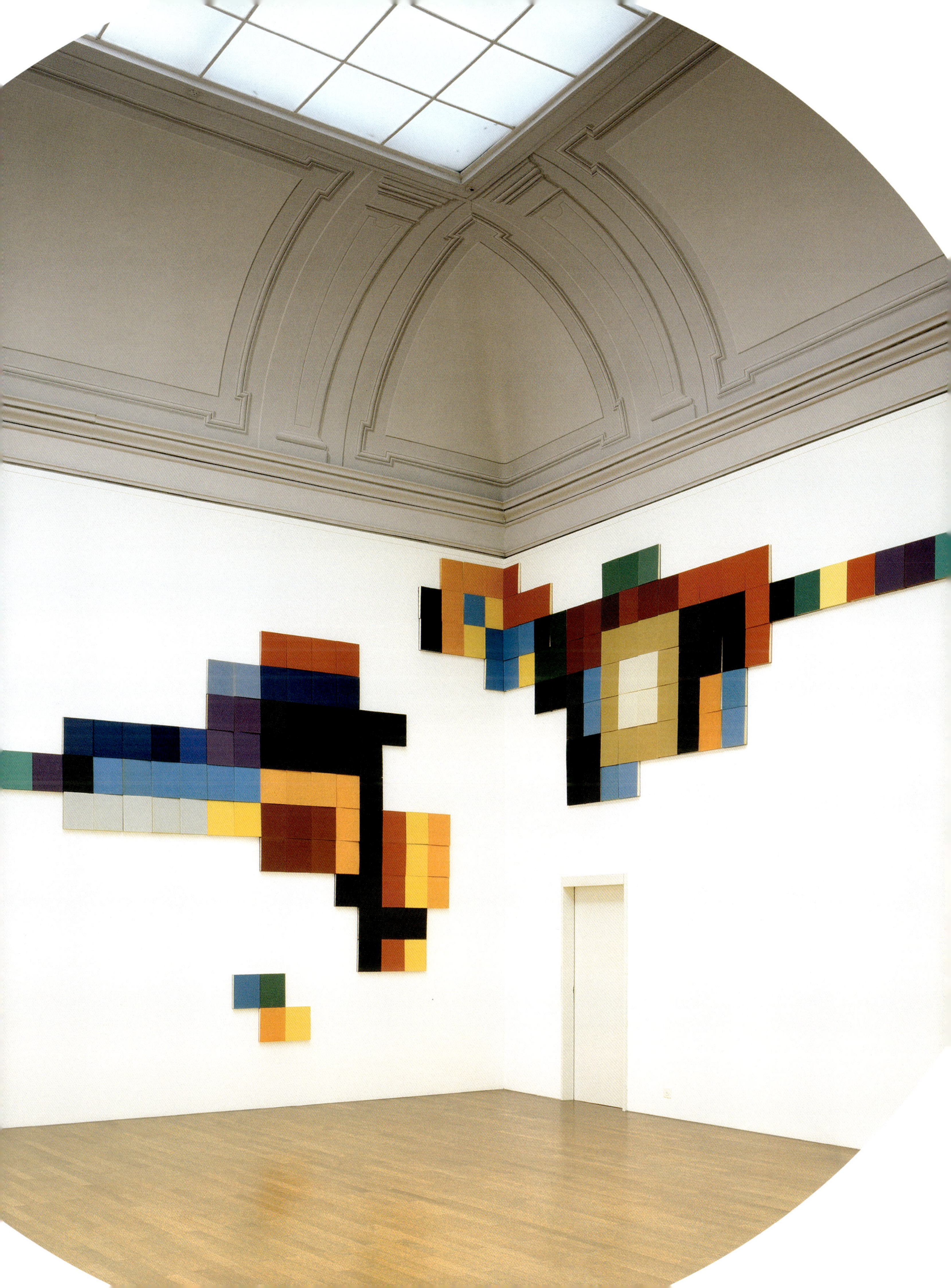

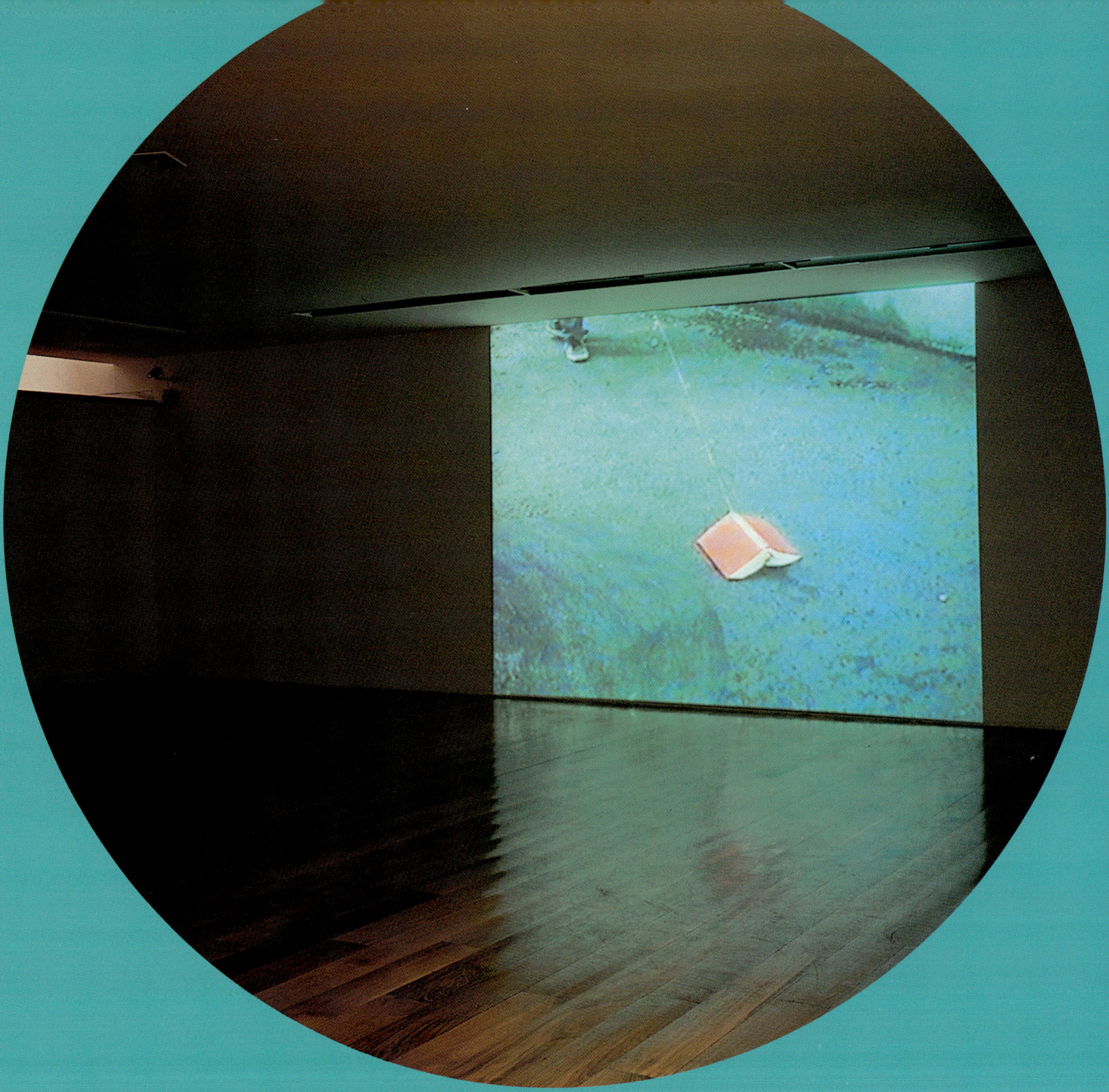

Kurzgeschichten, 2000, Vue d'installation, Vidéo, CGAC, Saint-Jacques de Compostelle
Thriller, 2005, Photographie
Lesende, 1997, Coupure de presse
Literary Food, 2004, Installation (détail)

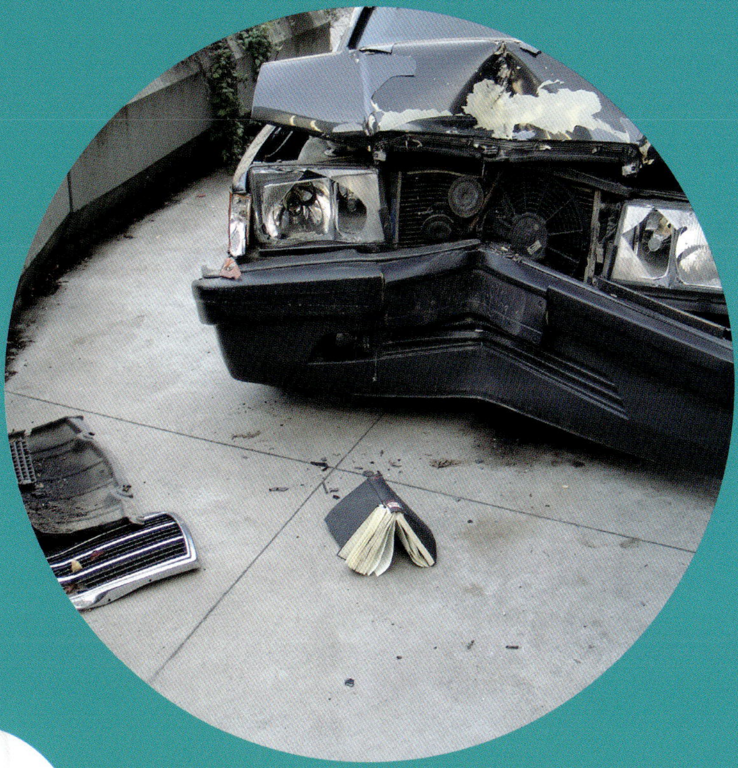

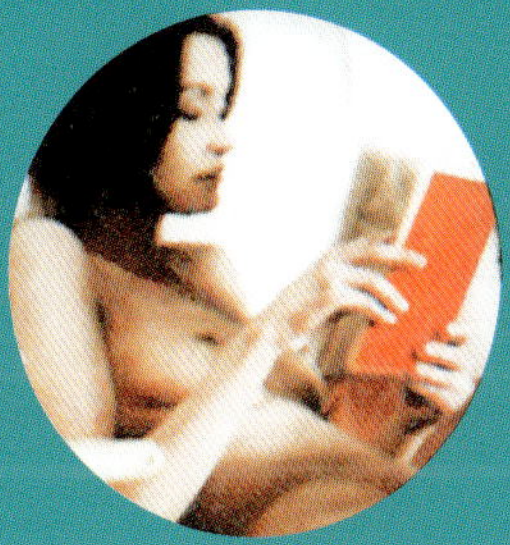

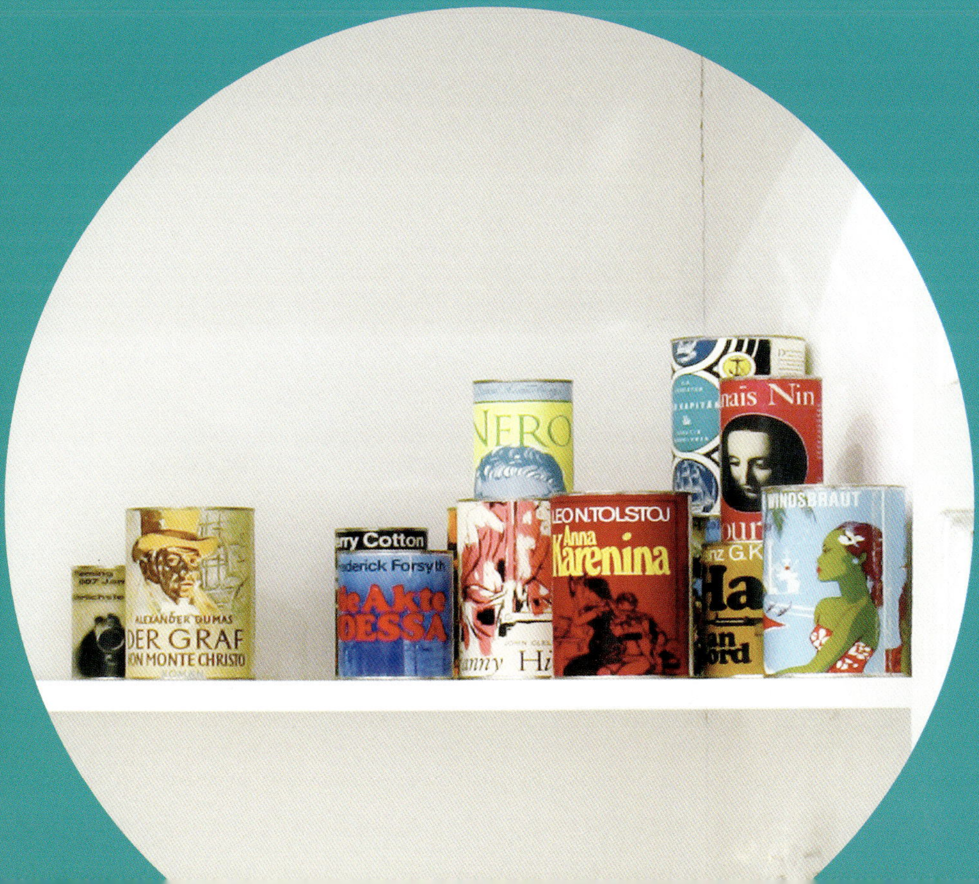
ALEXANDER DUMAS
DER GRAF
VON MONTE CHRISTO
LEO N.TOLSTOJ
Anna
Karenina
WINDSBRAUT

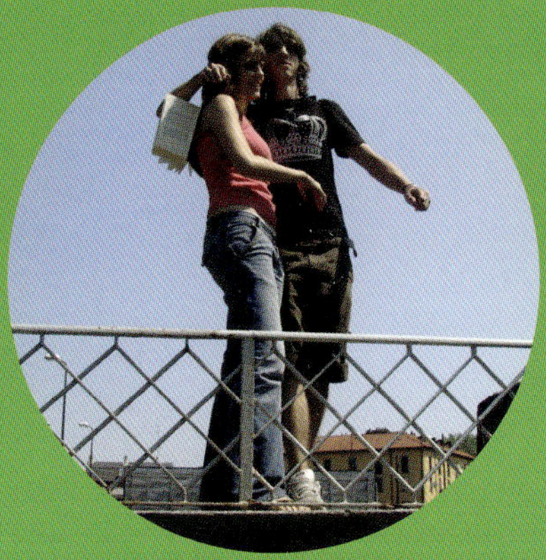

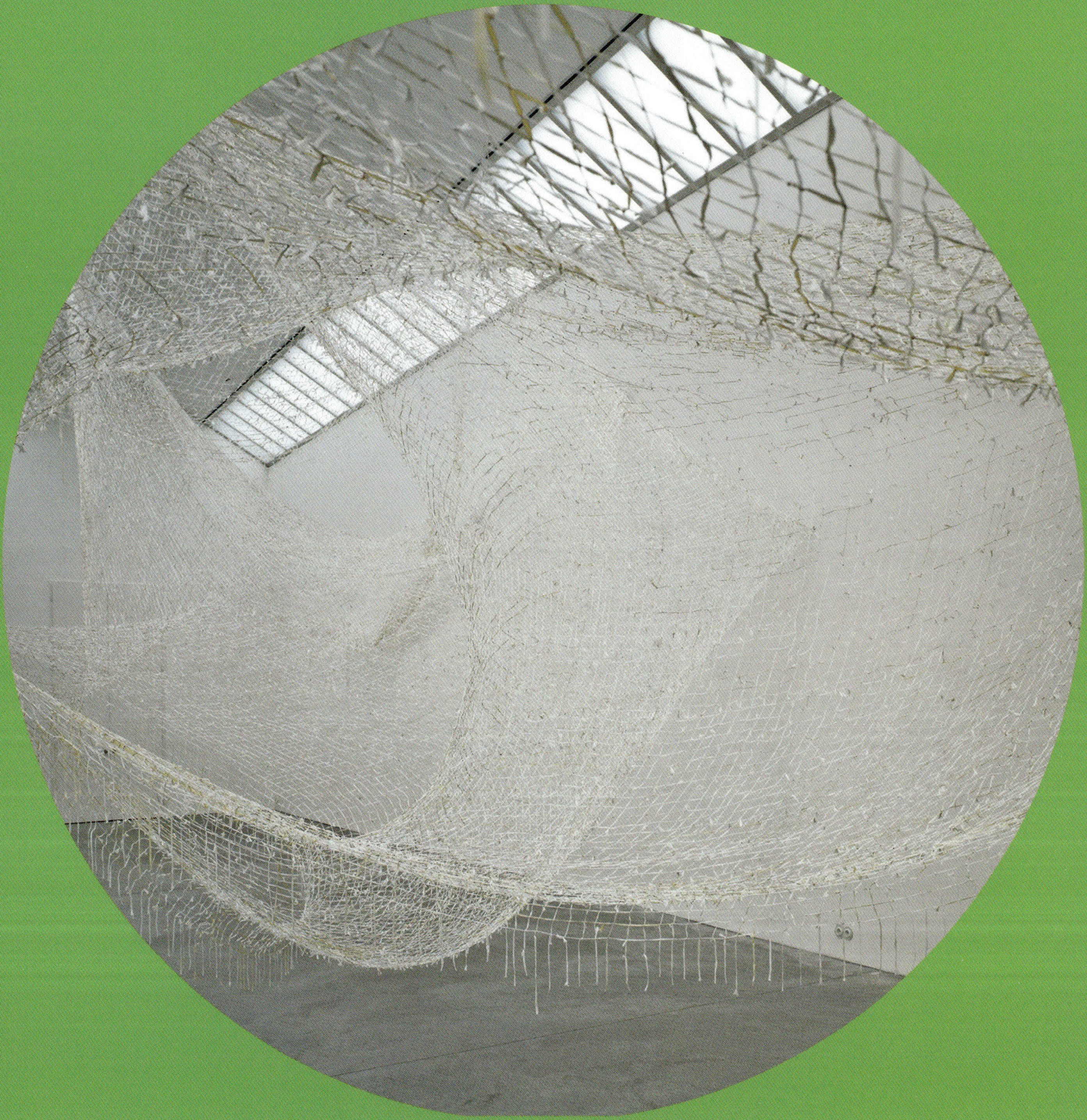

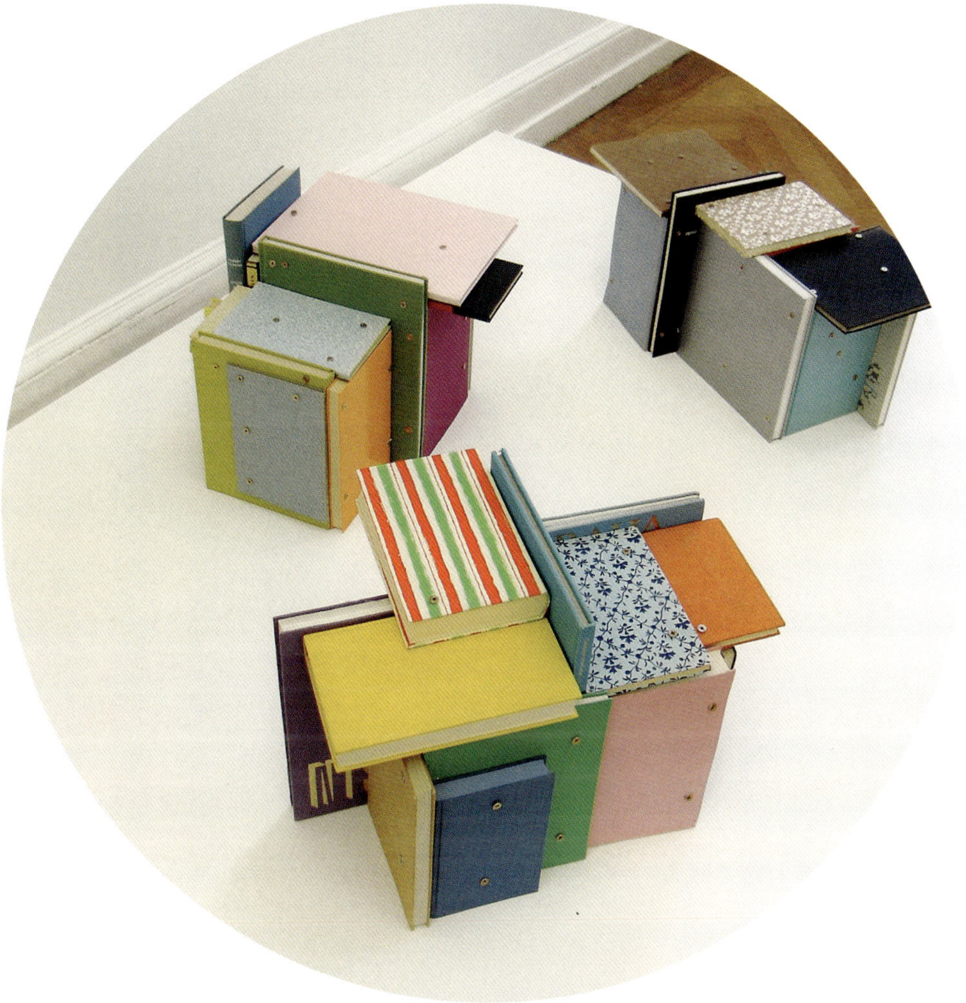

Die Kunst des Schauens, 1997, Vue d'installation Jule Kewenig Galerie, Cologne
Angeli di Cimiano Milano, 2005, Photographie
Dingsbuildings, 2005, Vue d'installation Galerie Appel, Frankfurt

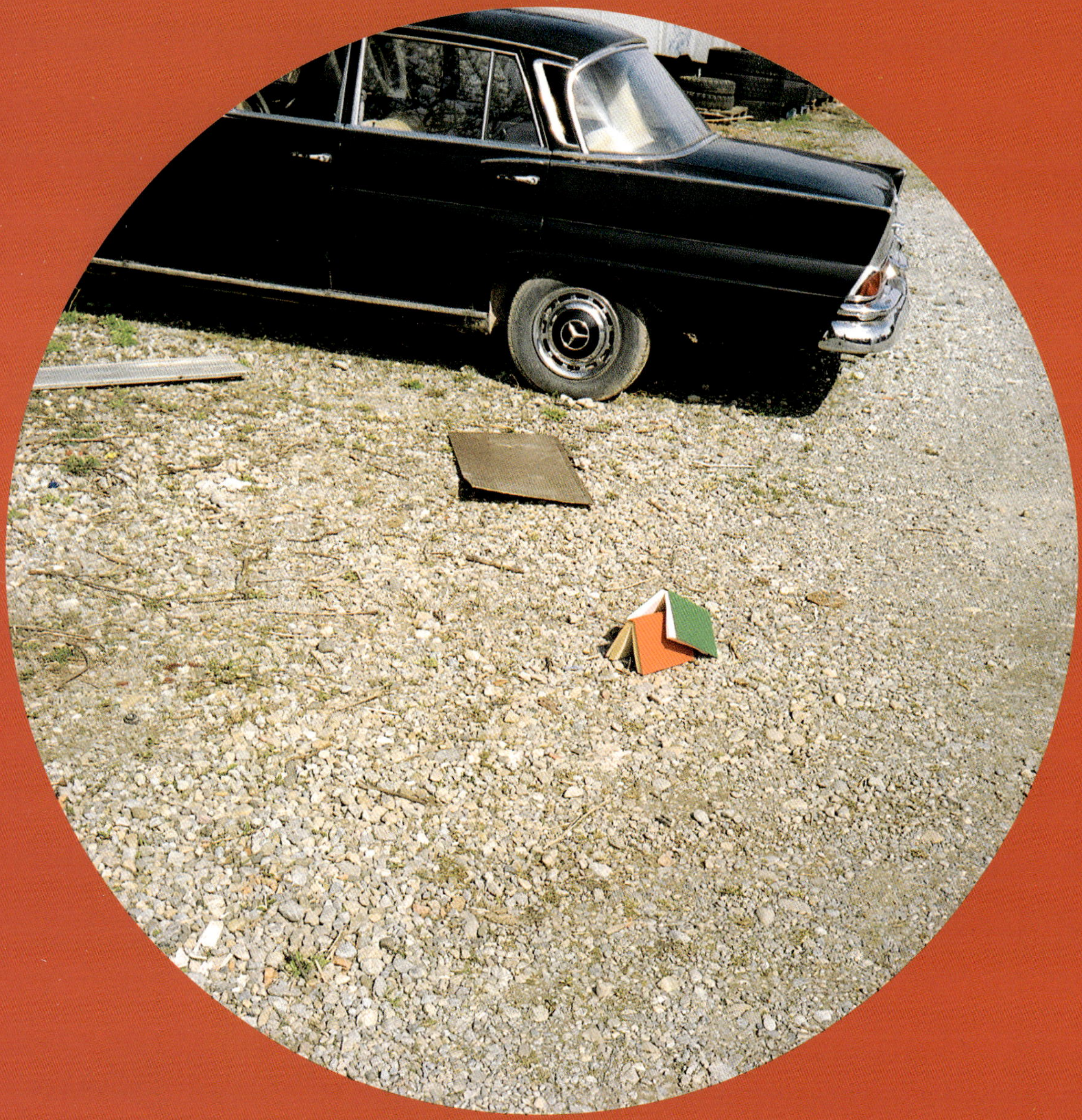

Imago, 1997, Photographie

Peter Wüthrich

Né à Berne en 1962 oú il vit et travaille.
Born in Bern in 1962 where he lives and works.

Expositions personnelles
Solo shows

1992	Köln	Galerie Jule Kewenig
1993	Los Angeles	Thomas Solomon's Garage
1994	Berlin	Galerie Vincenz Sala
	Bremen	Galerie im Künstlerhaus *
1995	München	Galerie Susanne Albrecht
	London	Todd Gallery
1996	Wil	Kunsthalle *
	Zürich	Galerie Mark Müller
	Aachen	Suermondt-Ludwig-Museum
	Bruxelles	Galerie Vincenz Sala
1997	Köln	Galerie Jule Kewenig *
	Nürnberg	Institut für moderne Kunst
	Karlsruhe	Ursula Blickle Stiftung *
	München	Galerie Susanne Albrecht
	Marl	Skulpturenmuseum Glaskasten *
1998	Friedrichshafen	Kunstverein
	Zürich	Galerie Mark Müller
1999	Dachau	Neue Galerie *
	Freiburg	Kunstverein *
2000	London	Laure Genillard Gallery
	Solothurn	Kunstmuseum *
	Zürich	Galerie Mark Müller
	Bremerhaven	Kunstverein *
	Salzburg	Rupertinum *
2001	Milano	Galleria Christian Stein
	Santiago de Compostela	CGAC, Centro Galego de Arte Contemporánea *
	Los Angeles	ACE Gallery
2002	Sydney	Sarah Cottier Gallery
	Strasbourg	La Chaufferie *
	Köln	Galerie Jule Kewenig
	Aalst	Galerij S 65
2003	Winterthur	Kunsthalle
2004	Madrid	Galeria Pilar Parra
	Bergamo	Galleria Fumagalli *
	Milano	Galleria Christian Stein *
2005	Frankfurt	Galerie Appel
	Linz	O.K Centrum für Gegenwartskunst *
	Milano	ASSAB ONE *

Expositions collectives
Group shows

1992	Thun	Kunstmuseum, « Querschnitt » *
	Amsterdam	Loods 6, « Y Ruimte »
1993	Zürich	Shedhalle, « Schaerf/Solakov/Wüthrich » *
	Zürich	Shedhalle, « Ex-change » *
1994	Salzau	Landeskulturzentrum Schloss Salzau *
	Zürich	Museum für Gestaltung, « Kunsthäuser »
	London	Todd Gallery, « Creed/Wüthrich »
	Salzburg	Galerie 5020, « Winterschlussverkauf »
1995	Linz	Offenes Kulturhaus, « Hausgeburten » *
	Duisburg	Wilhelm Lehmbruck Museum, « Wilhelm Lehmbruck Stipendiaten » *
1995	Berlin	Künstlerhaus Bethanien, « Station Deutschland » *
1996	Southampton	John Hansard Gallery, « Small Truths » *
	Hamburg	Kampnagelfabrik, « Station Deutschland »
	London	Todd Gallery, « Small Truths » *
	Sunderland	Northern Gallery for Contemporary Art, « Small Truths » *
1997	Liestal	Kunsthalle Palazzo, « Ars Mobilis » *
	Drewen	Kunstverein, « Brandenburgische Kunsttage » *
	München	Haus der Kunst, « Deep Storage, Arsenale der Erinnerung » *
	Berlin	Hamburger Bahnhof und Nationalgalerie, « Deep Storage – Arsenale der Erinnerung » *
	Duisburg	Wilhelm Lehmbruck Museum, « Die Photosammlung » *
	Düsseldorf	Kunstmuseum, « Deep Storage – Arsenale der Erinnerung » *
	Seattle	Henry Art Gallery, « Deep Storage – Arsenale der Erinnerung » *
	New York	PS. 1, « Deep Storage – Arsenale der Erinnerung » *
1998	Zürich	Kunsthaus, « Freie Sicht aufs Mittelmeer » *
	Karlsruhe	Ursula Blickle Stiftung, « Malerei jenseits der Malerei » *
	Osnabrück	Kulturgeschichtliches Museum, « Krieg und Frieden » *
	Frankfurt	Schirn Kunsthalle, « Freie Sicht aufs Mittelmeer » *
	Münster	Westfälisches Landesmuseum, « Krieg und Frieden » *
1999	Köln	Universität, « Art of Knowledge » *
	London	Laure Genillard Gallery, « Think Colour »
	Köln	Galerie Jule Kewenig, « Les Adieux »
2000	London	South London Gallery, « Domestic Bliss »
	Glasgow	Transmission Gallery, « Good Luck for You »
	Milano	Galleria Christian Stein, « Gallery Artists »
2001	Stuttgart	8. Triennale der Kleinplastik, « Vorsicht – Rücksicht » *
	New York	Senior & Shopmaker Gallery, « A Privat Reading »
2002	Amiens	Maison de la Culture, « de singuliers débordements » *
	Thun	Kunstmuseum, « Horizont-Collection II »
	New York	ACE Gallery, « NY-Invitational »
	Trento e Rovereto	Mart, Museo di Arte Moderna e Contemporanea, « Spedizione su Mart » *
	Sydney	Sarah Cottier Gallery, « Paperwork 2 »
2003	Marl	Skulpturenmuseum, « Ausgestellt – Vorgestellt » *
	Los Angeles	ACE Gallery, « LA-Absolut-Invitational »
	Sélestat	FRAC Alsace, « Sélest'Art-Biennale » *
	Warschau	Galerie National d'Art Zacheta, « Collections sans frontières » *
	Sydney	Sarah Cottier Gallery, « ten »
2004	Solothurn	Kunstmuseum, « Die Sammlung »
	Köln	Galerie Gabriele Rivet, « Black and White »
	Santiago de Compostela	CGAC, Centro Galego de Arte Contemporánea, « Compostela » *
2005	Bergamo	Chiesa Sant' Agostino, « Visioni » *
	Solothurn	Kunstmuseum, « Orten » *

* Catalogue

Catalogues et monographies
Catalogues and monographs

« Peter Wüthrich – Mit den Büchern », Kunstmuseum Thun, 1992 (textes de Georg Dolezal et Simon Maurer).

« Peter Wüthrich », Galerie im Künstlerhaus, Bremen, 1994, (texte de Harm Lux).

« Peter Wüthrich – Wilhelm Lehmbruck Stipendiat 1994/1995 », Wilhelm Lehmbruck Museum, Duisburg, 1996, ISBN 3-89279-519-3, (textes de Christoph Brockhaus et Gérard A. Goodrow).

« Peter Wüthrich – So ist die Welt/Thus is the World », Verlag der Buchhandlung Walther König, Köln, 1997, ISBN 3-88375-282-7 (textes de Renate Puvogel et Gérard A. Goodrow).

« Peter Wüthrich/Mario Merz », Skulpturenmuseum Glaskasten, Marl, 1997, ISBN 3-924790-47-7 (texte de Uwe Rüth).

« Peter Wüthrich – Hard Love », Verlag für moderne Kunst Nürnberg, 1999, ISBN 3-933096-22-7 (textes de Stephan Berg et Christoph Vögele).

« Peter Wüthrich », Centro Galego de Arte Contemporánea, Santiago de Compostela, 2001, ISBN 84-453-3072-1 (textes de Stephan Berg, Susanne Bieri, Miguel Fernández-Cid, Gérard A. Goodrow, Christine Heidemann, Heinrich Heil, Renate Puvogel et Christoph Vögele).

« Peter Wüthrich – Compostela », Centro Galego de Arte Contemporánea, Santiago de Compostela, 2004 (textes de Miguel Fernández-Cid et Guillermo Solana).

« Peter Wüthrich – Mes Amis », La Chaufferie éditeur, Strasbourg, 2004, ISBN 2-911230-50-7 (textes de Jean-Pierre Greff, Philippe Piguet et Jacques Demarcq).

« Peter Wüthrich – Literary Towers », Edizioni Christian Stein/Edizioni Galleria Fumagalli, Milano/Bergamo, 2004 (texte de Bruno Corà).

« Peter Wüthrich – Die Wahrheit über meine Freunde », O.K Centrum für Gegenwartskunst, Linz, 2006 (texte de Genoveva Rückert).

« Peter Wüthrich – My world », Fondation pour l'art Contemporain, Claudine et Jean-Marc Salomon, Alex, 2006, ISBN 2-914620-08-X (textes de Laure Genillard, Philippe Piguet et Pascal Neveux).

Livres d'artiste
Artist books

« Peter Wüthrich – Lesend », Salon Verlag, Köln, 1997, ISBN 3-932189-14-0.

« Peter Wüthrich – 29 Wörter aus der Photoserie Verbum », Neue Galerie Dachau, 1999, ISBN 3-93094115-5.

« Peter Wüthrich – Los Angeles de Santiago de Compostela », Centro Galego de Arte Contemporánea, Santiago de Compostela, 2004.

« Peter Wüthrich – Angeli di Cimiano Milano », Elena Quarestani, Assab One, Galleria Christian Stein, Milano, 2005.

Catalogues collectifs
Group Catalogues

« Eran Schaerf, Peter Wüthrich, Nedko Solakov, Anders Widoff, Nathalie Tison », Shedhalle Zürich, 1993, ISBN 3-907829-06-9.

« Galerie im Künstlerhaus Bremen, 1994/1995 », Bremen, 1995.

« Confusion Selection », Salon Verlag, Köln, 1996, ISBN 3-9804812-0-4.

« Small Truths – Repetition and the Obsessional in Contemporary Art », John Hansard Gallery, University of Southampton, 1997, ISBN 0854-326-189.

« Die Photosammlung », Wilhelm Lehmbruck Museum Duisburg, 1997, ISBN 3-89279-533-9.

« Kunsthalle Palazzo, Liestal », Liestal, 1997, ISBN 3-9521147-3-1.

« Freie Sicht aufs Mittelmeer », Kunsthaus Zürich et Schirn Kunsthalle Frankfurt, 1998, Scalo Verlag, Zürich-Berlin-New York, ISBN 3-906574-02-4.

Deep Storage – Arsenale der Erinnerung », Haus der Kunst München, Nationalgalerie Berlin, Kunstmuseum Düsseldorf, Henry Art Gallery Seattle, PS 1. New York, 1997-98, Prestel Verlag, München-New York, ISBN 3-7913-1920-5.

« Malerei jenseits der Malerei – Painting beyond Painting », Salon Verlag, Köln, 1998, ISBN 3-89770-000-X.

« 8. Triennale Kleinplastik Fellbach 2001 Vorsicht-Rücksicht », ISBN 3-9805984-9-7.

« Unlimited Edition – Künstler-Bücher-Bibliotheken », Salon Verlag, Köln, 2001, ISBN 3-89770-141-3.

« De singuliers débordements », Maison de la Culture, Amiens, 2002, ISBN 2-903082-85-5.

« 02 – Sarah Cottier Gallery, Sydney », 2002 ; ISBN 1-875764-22-4.

« Ausgestellt – Vorgestellt », Skulpturenmuseum Glaskasten Marl, 2003, ISBN 3-924790-64-7.

« Rzeczywistosci. Kolekcje bez granic II – Réalités, Collections sans frontières II », Zacheta Panstwowa Galeria Sztuki, Warszawa 2003, ISBN 83-89145-31-6.

« Art – a sex book », by John Waters and Bruce Hainley, 2003, Thames & Hudson, London, ISBN 0-500-28435-0.

« MART, le stanze dell'Arte », Museo di Arte Moderna e Contemporanea di Trento e Rovereto, Skira editore, Milano, 2003, ISBN 88-8491-490-6.

« AAVV: 30 », Galleria Fumagalli Editore, Bergamo, 2004.

« Kunstmuseum Solothurn », Museen der Schweiz, Stiftung BNP Paribas Schweiz, 2005, ISBN 3-908196-41-8.

« Visioni », Galleria Fumagalli Editore, Bergamo, 2006.

Articles et textes
Articles and texts

Hannelore Ahorn,
« Wüthrich's Begleiter », Nordsee Zeitung, 14 novembre 2000.

Katharina Ammann,
« Peter Wüthrich », Kunstmuseum Solothurn, Museen der Schweiz, Stiftung BNP Paribas Schweiz, Genève, pp. 126–127.

Agnese d'Annibale,
« Peter Wüthrich », catalogue de l'exposition, MART – le stanze dell'Arte, Skira editore, Milano, pp. 534–535.

David Barro,
« Peter Wüthrich, Libros con vida », El Cultural, 2 mai 2001, p. 32.

Therese Battacharya,
« Literarisches Aquarell », Bernische Kunstmitteilungen, septembre 1996, pp. 12–13.

Stephan Berg,
« Der dritte Blick », catalogue de l'exposition, Peter Wüthrich – Hard Love, Verlag für moderne Kunst Nürnberg, 1999, pp. 15–19.
« Ein Himmel voller Bücher oder : die Transformierung des Tatsächlichen zum Möglichen », catalogue de l'exposition, Peter Wüthrich – Centro Galego de Arte Contemporánea, Santiago de Compostela, 2001, pp. 212–241.
« Peter Wüthrich », catalogue de l'exposition, Rzeczywistosci. Kolekcje bez granic II – Réalités, Collections sans frontières II, Zacheta Panstwowa Galeria Sztuki, Warszawa, 2003, pp. 135–136.

Nora Bertolotti,
« City of Angels », Flash Art, no 253, août-septembre 2005, p. 40.

Susanne Bieri,
« Das diese eine », catalogue de l'exposition, 29 Wörter aus der Photoserie Verbum, Neue Galerie Dachau, 1999.
« Lesesituationen – und Fiktion wird zur absoluten Gegenwart », catalogue de l'exposition, Peter Wüthrich – Centro Galego de Arte Contemporánea, Santiago de Compostela, 2001, pp. 242–273.

Katja Blomberg,
« Peter Wüthrich im Aachener Suermondt-Ludwig-Museum », Das Kunst-Bulletin, no 9, 1996, p. 32.

Christoph Brockhaus,
« Der Einzelne und die Gruppe », catalogue de l'exposition, Peter Wüthrich, Lehmbruck Museum, Duisburg, 1996, pp. 5–7.

Eva Buhrfeind,
« Installationen von Peter Wüthrich im Kunstmuseum Solothurn », Neue Mittelland Zeitung, Solothurn, 11 avril 2000, p. 9.

Barbara Casavecchia,
« Angeli per un giorno i ragazzi di periferia », La Repubblica, Milano, 5 novembre 2005, p. 13.

Karen Chung,
« Cover Star – Peter Wüthrich », Wallpaper, London, septembre 1999, pp. 147–148.

Ulrich Clewing,
« Station Deutschland », Art das Kunstmagazin, no 4, 1996.

Matteo Cruccu,
« Agli angeli di periferia spuntano...i libri », Corriere della Sera, Milano, 2 novembre 2005, p. 19.

Jacques Demarcq,
« los vencejos », catalogue de l'exposition, Peter Wüthrich – Mes Amis, La Chaufferie, 2004, pp. 69–70.

Frank Eckhart,
« Buch-Objekt-Bild », catalogue de l'exposition, Station Deutschland, Künstlerhaus Bethanien, Berlin, 1995, p. 10.

Martin Engeler
« Planeten im Kopf », FAZ Frankfurter Allgemeine Zeitung, Frankfurt, 3 août 1999, p. 52.

Miguel Fernandez-Cid,
« Lob der Malerei », catalogue de l'exposition, Peter Wüthrich – Centro Galego de Arte Contemporánea, Santiago de Compostela, 2001, pp. 13–21.
« Elogio de la pintura », La revista del CGAC 2, Centro Galego de Arte Contemporánea, Santiago de Compostela, 2001, pp. 19–31.
« Peter Wüthrich », catalogue de l'exposition, Compostela, CGAC 2, Centro Galego de Arte Contemporánea, Santiago de Compostela, 2004, p. 9.

Peter Funken,
« Peter Wüthrich », catalogue de l'exposition, Brandenburgische Kunsttage, Kunstforum Drewen, 1997, p. 13.

Gérard A. Goodrow,
« Bücher, Archivalien und Depositen », Confusion/Selection, Salon Verlag Köln, 1995, pp. 7–13.
« Ex-Libris », catalogue de l'exposition, Peter Wüthrich, Wilhelm Lehmbruck Museum Duisburg, 1996.
« Paradox and Ambiguity », ARTnews, juin 1996, p. 105.
« Peter Wüthrich », Artist Kunstmagazin, août 1996, pp. 24–27.
« Peter Wüthrich », Peter Wüthrich – So ist die Welt, Verlag der Buchhandlung Walther König, Köln, 1997, pp. 7–10.
« Platonische Liebe und imaginäres Leben », catalogue de l'exposition, Peter Wüthrich – Centro Galego de Arte Contemporánea, Santiago de Compostela, 2001, pp. 142–187.

Jean-Pierre Greff,
« Peter Wüthrich – les mots et les choses », catalogue de l'exposition, Peter Wüthrich – Mes Amis, La Chaufferie, 2004, pp. 9–17.

Bruce Hainley,
« A new kind of arty sex », Art – a sex book, Thames & Hudson, London, 2003, pp. 52–53 et pp. 142–3.

Michael Hauffen,
« So ist die Welt », Kunstforum International, no 131, 1995, p. 432

Christine Heidemann,
« Peter Wüthrich », catalogue de l'exposition, Art of Knowledge, Köln, 1999.
« Literarische Modelle », catalogue de l'exposition, Peter Wüthrich – Centro Galego de Arte Contemporánea, Santiago de Compostela, 2001, pp. 22–61.

Heinrich Heil,
« Sehend bedacht zu sehen », catalogue de l'exposition, Peter Wüthrich – CGAC, Centro Galego de Arte Contemporánea, Santiago de Compostela, 2001, pp. 96–141.

Lutz Jahre,
« Lesende : Ein Künstlerbuch », AKMB-News, décembre 1997.
« Buchstäblich », Unlimited Edition ; Künstler Bücher, Salon Verlag, Köln, 2001, pp. 121–134.

Alexa Jansen,
« Die Welt der Künstler wird zum Kunstwerk », Kölner Stadtanzeiger, 29 avril 1997.

Irene Judmayer,
« Starkes Rauschen im Wörter-Wald », Oberösterreich Nachrichten, Linz, 14 octobre 2005, p. 21.

Esther Maria Jungo,
« Die Ausstellung ars mobilis & salon d'espoir », catalogue de l'exposition, Kunsthalle Palazzo Liestal, 1997, pp. 20–21.

Luk Lambrecht,
« Leesvoer », De Morgen, Bruxelles, 30 août 1996, p. 16.

Andreas Langenbacher,
« Traumstoff Buch », Passagen, no 30, 2000, pp. 54–56.

Harm Lux,
« Peter Wüthrich », catalogue de l'exposition, Shedhalle Zürich, Zürich, 1993.

Harm Lux,
« So ist die Welt », catalogue de l'exposition, Galerie im Künstlerhaus, Bremen, 1994.
Ada Masoero,
« Sapere e' Babele », Il Giornale dell'Arte, no 198, avril 2001, pp. 12–13.
Simon Maurer,
« Das Schlagzeugsolo und die Frage was gut sei », catalogue de l'exposition, Peter Wüthrich, Kunstmuseum Thun, 1992.
« Peter Wüthrich », Metropolis M, no 4, 1993, p. 51.
« Büchersee », Tages Anzeiger, Zürich Tip, 10 mai 1996.
Wout Nierhoff,
« Peter Wüthrich in der Galerie im Künstlerhaus Bremen » Das Kunst-Bulletin, no 10, 1994, p. 37.
Frank Nievergelt,
« Es war einmal », catalogue de l'exposition, Peter Wüthrich, Kunsthalle Wil, 1996.
David Pagel,
« Bookish Sensibility », Los Angeles Times, 1 avril 1993.
« The Los Angeles International », Art Forum, no 10, 1993, p. 115.
Philippe Piguet,
« Peter Wüthrich – le livre, autrement », catalogue de l'exposition, Peter Wüthrich – Mes Amis, La Chaufferie, 2004, pp. 19–30.
Claudia Posca,
« Lehmbruck Stipendiaten », Kunstforum International no 133, 1996, pp. 362–363.
Renate Puvogel,
« Nichts wie Bücher? », Artis Artmagazin, août 1996, pp. 34–37.
« Wüthrichs Welt der Bücher », Peter Wüthrich – So ist die Welt, Verlag der Buchhandlung Walther König, Köln, 1997, pp. 11–52.
« Von der Kunst, Netze zu knüpfen », catalogue de l'exposition, Peter Wüthrich – CGAC, Centro Galego de Arte Contemporánea, Santiago de Compostela, 2001, pp. 62–95.
Laura Revuelta,
« El cielo literario de Peter Wüthrich », ABC – Cultural, no 483, 28 avril 2001, Madrid, pp. 21–23.
Mercedes Rozas,
« O universo escrito de P.W. », El Correo Gallego, 6 mai 2001, p. 11.
Genoveva Rückert
« Peter Wüthrich – Die Wahrheit über meine Freunde », catalogue de l'exposition, O.K Centrum für Gegenwartskunst, Linz, 2006.
Manuela Sames,
« Wenn Bücher zu leben beginnen », Schweizer Illustrierte, 22 mai 2000, pp. 77–78.
Christoph Schütte,
« Bücher zu Farbfeldern », FAZ Frankfurter Allgemeine Zeitung Frankfurt, 31 août 2005, p. 48.
Bernhart Schwenk,
« Peter Wüthrich », catalogue de l'exposition, Deep Storage – Arsenale der Erinnerung, Haus der Kunst, München, 1997, p. 288.
Guillermo Solana,
« La magia de la proposopeya », catalogue de l'exposition, Peter Wüthrich – Compostela, CGAC, Centro Galego de Arte Contemporánea, Santiago de Compostela, 2004, pp. 21–26.
Konrad Tobler,
« Achtung Kunst : Lesen verboten », Berner Zeitung, 2 mai 2000.
Nick de Ville,
« Peter Wüthrich », catalogue de l'exposition, Small Truths, John Hansard Gallery, Southampton, 1996, p. 21.
Monica Vazquez,
« Wüthrich, recrea en Santiago su paraiso literario », La Opinion, 29 avril 2001, p. 67.
Christoph Vögele,
« Hard Love : Von der Leichtigkeit des Gewichtigen », catalogue de l'exposition, Peter Wüthrich – Hard Love, 1999, pp. 11–14.
« Literarische Aquarelle », catalogue de l'exposition, Peter Wüthrich – CGAC, Centro Galego de Arte Contemporánea, Santiago de Compostela, 2001, pp. 188–211.
John Waters,
« A new kind of arty sex », Art – a sex book, Thames & Hudson, 2003, pp. 52–53 et pp. 142–3.
Astrid Wege,
« Peter Wüthrich », Flash Art, no 183, 1995, pp. 133–134.
Désirée Zappa,
« Punkte sammeln für die Weltreise », Tages-Anzeiger, Zürich, 8 avril 2003, p. 62.
Fred Zaugg,
« Peter Wüthrich, mit Büchern malen und bauen », Lokaltermin Atelier II, Bernische Kunstgesellschaft, 1998, pp. 72–73.

Colophon

Peter Wüthrich, *My world* présentée du 9 mars au 28 mai 2006
au Château d'Arenthon.

La fondation pour l'art contemporain Claudine et Jean-Marc Salomon tient à remercier et à exprimer sa reconnaissance à tous ceux qui ont permis la réalisation de cette exposition et de ce catalogue :

The foundation for contemporary art Claudine and Jean-Marc Salomon would like to express its gratitude and warmest thanks to all those who made this exhibition and catalogue possible :

Peter Wüthrich, Berne, Suisse
Laure Genillard, Londres, Angleterre
Galleria Christian Stein, Milan, Italie
Galleria Fumagalli, Bergame, Italie
Galerie Kewenig, Cologne, Allemagne

Directeur de la publication / Head of publication :
Jean-Marc Salomon

Coordination :
Daniela Franck

Textes / Texts :
Laure Genillard
Pascal Neveux
Philippe Piguet

Traductions / Translations :
Charles Penwarden
(français / anglais : textes de Philippe Piguet et Pascal Neveux)
Laure Genillard et Daniela Franck
(anglais/français : interview de l'artiste)

Commissariat d'exposition / Curator :
Laure Genillard

Montage d'exposition / Setting :
Xavier Chevalier, régisseur
Cindy Laurent
Dominique Trentini
Guillaume Gattier
François Lemire

Graphisme et Composition / Design and Typesetting :
Sandra Binoth, Atelier für Gestaltung, Berne

Impression / Printing :
Musumeci S.p.A Località Amérique, 97,
I-11020 Quart (Valle d'Aosta)

Caractéristiques techniques / Technical data :
Papier : couché mat
Typographies : Today SB-Regular
Reliure : brochée

Tirage : 1000 exemplaires

Crédits photographiques / Photographic credits :
Claudio Bruni, Bergame : 66, 72 en bas, 72 en bas.
Beat Bühler, Zürich : 84/85.
Marc Domage, Paris : 6, 8, 16, 21, 22/23, 25, 26/27, 29, 30/31, 32/33, 36/37, 39, 41, 43, 44/45, 47, 48/49, 50/51, 52/53, 56.
Alexander Egger, Berne : 72 en haut.
Anne Gold, Aix-la-Chapelle : 82.
Helmut Hartwig, Freiburg : 69 à droite, 75 en bas.
Peter Hauck, Basel : 40.
Ralph Hinz, Bremerhaven : 70.
Claudia Leuenberger, Solothurn : 80 en haut.
Antonio Maniscalco, Milan : 67 en haut, 79 en haut, 87 en bas.
Roman Mensing, Münster : 77.
Mark Ritchie, Saint-Jacques de Compostelle : 68/69 en haut, 74, 81, 86.
Friedrich Rosenstiel, Cologne : 88 en bas.
Dominique Uldry, Berne : 75 à droite, 78/79 à gauche.
Peter White, Londres : 71 en haut.
Peter Wüthrich, Berne : 24, 28, 34, 35, 38, 42, 46, 54/55, 65 en haut et en bas, 67 en bas, 68 en bas, 69 en haut, 71 en bas, 73, 75 en haut, 76 en haut et à gauche, 80 à gauche et en bas, 83 en haut et en bas, 87 en haut, 88 en haut, 89, 90.

Collections :
Collection FRAC Alsace, Sélestat, France :
Literarisches Dorf, 2001, p. 74
Collections privées, Italie :
Collection Silva, 2004, p. 66
Collection Kunstmuseum Solothurn, Solothurn, Suisse :
Von der Kunst Sträusse zu binden, 2000, p. 80
Collection Suermondt Ludwig Museum, Aix-la-Chapelle, Allemagne :
Wenn dich die bösen Buben locken, 1996, p. 82
Collection privée, Florence, Italie :
Literary Food, 2004, p. 87

ISBN 2-914620-08-X

Dépôt légal à parution